Manfred Folkers

Gib deiner Zeit mehr Leben

HERDER spektrum

Band 5615

Das Buch

Eile, Stress und Hektik dominieren unseren Alltag. Alles gleichzeitig, am besten schon vorgestern. Begegnungen versanden im schnellen und belanglosen Smalltalk. Und am Abend zappen wir, um endlich abschalten zu können, wahllos durchs Fernsehprogramm. Auf der Strecke bleiben Ruhe, Gelassenheit und innerer Frieden. Vergessen wird das, was unserem Leben Qualität verleiht.

Entschleunigung kann uns zu neuer Lebensqualität verhelfen. Es liegt an uns, aktiv etwas daraus zu machen. Slow down für Hektiker? Zu kurz gegriffen! Manfred Folkers zeigt: Entschleunigung bedeutet nicht, einfach etwas langsamer zu werden oder – ganz auf die Schnelle – den Dingen ein bisschen mehr Zeit einzuräumen. Wir müssen unserer Zeit mehr Leben geben, müssen unserer selbst wieder bewusst werden, um mit Gelassenheit den eigenen Weg verfolgen zu können. Sein Buch begleitet uns bei unseren »Entdeckungen durch Langsamkeit« und eröffnet uns die tiefen Dimensionen der Entschleunigung. Die Zeit mit Leben füllen: eine Haltung, die unser ganzes Erleben und Handeln erfasst – unseren Körper, unsere Wahrnehmungen, die Empfindungen, Geistesregungen, unser Bewusstsein und unseren Alltag. Eine Motivation gegen geistlose Hektik und ein Plädoyer für ein erfülltes und glückliches Leben.

Der Autor

Manfred Folkers, Dipl.-Pädagoge, Taiji- und Qigong-Lehrer und langjähriger Schüler von Thich Nhat Hanh, der ihn zum Dharma-Lehrer ernannte. Er gibt Seminare zu den Themen Achtsamkeit, Buddhismus, Meditation, Taiji und Qigong und veröffentlicht Artikel in zahlreichen Fachzeitschriften.

Manfred Folkers

Gib deiner Zeit mehr Leben

Entschleunigung als Weg zum Glück

Zeichnungen von Birgit Schumacher

HERDER

FREIBURG · BASEL · WIEN

Gedruckt auf umweltfreundlichem, chlorfrei gebleichtem Papier

Originalausgabe

www.herder.de
Satz: Susanne Lomer, Freiburg
Herstellung: fgb · freiburger graphische betriebe 2005
www.fgb.de
Umschlaggestaltung und Konzeption:
R·M·E München / Roland Eschlbeck, Liana Tuchel
Umschlagmotiv © gettyimages
Autorenfoto: privat
ISBN 3-451-05615-1

Inhalt

Prolog: Entschleunigung statt langsamer werden 7

I. Den Körper entschleunigen:
Bewusst beweglich bleiben 17
Acht mal acht entschleunigte Bewegungen:
Die Aufmerksamkeit wecken 34

II. Die Wahrnehmungen entschleunigen:
Ich bin hier und das ist jetzt 37
Acht mal acht entschleunigte Bewegungen:
Das Universum grüßen 49

III. Die Gefühle entschleunigen:
Den inneren Tiger zähmen 51
Acht mal acht entschleunigte Bewegungen:
Das Zentrum reinigen 61

IV. Die Geistesregungen entschleunigen:
Stille statt Böller 63
Acht mal acht entschleunigte Bewegungen:
Den Stand sichern 75

V. Das Bewusstsein entschleunigen:
Die erste Wahrheit ist Glück 76
Acht mal acht entschleunigte Bewegungen:
Das Herz beruhigen 91

VI. Den privaten Alltag entschleunigen:
Erstens kommt es anders 92

Acht mal acht entschleunigte Bewegungen:
Die Brust weiten 106

VII. Den Arbeitsbereich entschleunigen:
Klar sein, integer handeln 108
Acht mal acht entschleunigte Bewegungen:
Freude aufnehmen 120

VIII. Die Mitwelt entschleunigen:
Das, was ist, und das, was es bedeutet 122
Acht mal acht entschleunigte Bewegungen:
Himmel und Erde verbinden 138

Epilog: Gib deiner Zeit mehr Leben 140

Einatmend weile ich ganz im gegenwärtigen Augenblick.
Ausatmend weiß ich,
dass es ein wundervoller Augenblick ist.
Thich Nhat Hanh

Prolog
Entschleunigen statt langsamer werden

Wer im Internet surft, kennt die freudige Erregung, wenn innerhalb von wenigen Sekunden fast das gesamte Wissen der Menschheit zur Verfügung steht. Niemand käme auf den Einfall, die vielfältigen Möglichkeiten des Computers einschränken oder gar abschaffen zu wollen. Wenn sich jedoch Werbebanner über den Monitor ausdehnen oder unser Beruf ausschließlich vor dem Bildschirm stattfindet und – dank Laptop – Zug oder Flugzeug als Teil des Büros gelten, dann offenbaren sich einige der unangenehmen Seiten des Computerzeitalters.

Vergleichbare Situationen zu Hause: Das spannende Videospiel, die Wahl zwischen hundert Fernsehprogrammen und der rasche Austausch von E-Mails zeigen die fantastischen Möglichkeiten unserer auf Schnelligkeit beruhenden elektronischen Medien. Unannehmlichkeiten entstehen erst durch Missbrauch und Übertreibung. Wenn die Vielfalt des Angebots elektronischer Ablenkungen dazu führt, dass der Telefonanruf der Mutter als störend empfunden wird und die Mahlzeiten nebenbei eingenommen werden, zeigt sich die Schattenseite dieser technischen Errungenschaften.

Ähnlich zwiespältig unser Verhältnis zum Auto: Zwar erhöht der PKW unsere individuelle Mobilität beträchtlich, und es verwundert kaum, dass viele Menschen sich den

Wunsch nach dem eigenen Wagen erfüllen möchten. Doch zugleich sorgt die Massenmotorisierung für Unfälle, Staus und eine zunehmende Zersiedelung der Landschaft. Mehrere Tätigkeiten wollen zur selben Zeit ausgeübt werden, was ein Plakat an den deutschen Autobahnen eindrucksvoll demonstriert: Ein nervös blickender Mann sitzt mit einer Zigarette im Mundwinkel am Steuer, in der einen Hand eine Getränkedose, in der anderen ein Mobiltelefon, während er seinen Wagen zu lenken versucht. Treffend der Schriftzug: »Und wer fährt?« Ob dieser Mann gelassener chauffieren würde, wenn auch in Deutschland ein Tempolimit gälte?

Als ein fast klassisches Beispiel für einen turbulenten Ort kann der Kassenbereich in einem Supermarkt gelten. Für den Kassierer besteht der Alltag aus dem permanenten Piepen des Lesegeräts, aus zahllosen vorbeiziehenden Kundinnen und dem ständigen Heben und Hinlegen von Waren, allein unterbrochen von nervösen Käufern, die ihre Geldbörse suchen oder sich über die unerwartet hohe Summe ihrer Einkäufe aufregen. Für die Kunden heißt es, ihre Kinder an den geschickt arrangierten Lockvogelangeboten vorbeizulotsen, das Drängeln der Nachfolgenden zu ertragen und sich beim Bezahlen zu überlegen, ob die Geheimnummer der Scheckkarte nun 3468 oder doch nicht eher 3486 lautet.

Zu Beginn des 21. Jahrhunderts dominieren Eile, Stress und Paralleltätigkeiten. Ob Haushalt oder Urlaub, Beruf oder Hobby, Konsum oder Kommunikation – überall wird nach noch effizienteren Handlungsabläufen gesucht, werden Leistungssteigerungen gefordert, wird eine möglichst lückenlose Zeitverwertung angestrebt.

Getrieben vom Takt der Computerprogramme verdichtet sich in vielen Bereichen unseres Lebens die Arbeit. Und das Gefühl der Belastung über die eigenen Grenzen hinaus wird forciert durch flexiblere Einsätze in wechselnden Betriebsbereichen und -orten. Intrigen und Produktivitätsüberprüfungen treten hinzu, begleitet von einem oft gnadenlosen Konkurrenzkampf und der Angst vor Entlassung.

Von der Maxime »Mehr erreichen in kürzerer Zeit« bleiben sogar Kinder im Vorschulalter nicht mehr verschont, deren Alltag von Lernzielen, nicht etwa von Spaß und Spiel bestimmt wird. Und auch die Schulzeit ist – nicht zuletzt in Deutschland – von diesem Phänomen betroffen. Mit Hilfe von Zensuren und Auslese wird eine Haltung verinnerlicht, die auf Druck, Plänen und Belohnungen beruht, verbunden mit Angst, Stress und Schauspielerei.

Selbst die Zunahme der Ein-Personen-Haushalte kann als Konsequenz der ständig steigenden Erwartungen im Arbeits- und Freizeitbereich gesehen werden. Das Alleinwohnen gerät zum letzten Fluchtpunkt, der es gestatten soll, im Privatbereich dem komplexen und oft von Zeitknappheit bestimmten Zusammensein mit anderen Personen wenigstens phasenweise zu entgehen.

Die meisten Menschen von uns können diese Aufzählung durch eigene Erfahrungen bestätigen und viele Lebensfelder nennen, die von hohem Zeitdruck und inneren wie äußeren Anspannungen geprägt sind. Das reicht vom hastig verschlungenen Frühstück über den viel zu seltenen intensiven Kontakt zu den eigenen Kindern bis hin zu Schlaf- und Erholungsmangel. Das Gefühl, sich nicht gänzlich und konzentriert einer einzigen Sache widmen zu können, mündet oftmals in die Klage, ständig abgelenkt und überlastet zu sein.

Immer mehr Menschen sind mit den Zuständen, die die gesellschaftlichen Rahmenbedingungen (Existenzsicherung, Sachzwänge, Wirtschaftlichkeit oder Modeerscheinungen) von ihnen verlangen und denen sie sich anzupassen haben, unzufrieden. Einige von ihnen leiden unter Burn-out-Symptomen und psychosomatischen Beschwerden bis hin zu Alkohol- und Tablettenabhängigkeit.

Das Bedürfnis, anzuhalten, genau hinzusehen und sich zu fragen: »Was mache ich eigentlich gerade? Will ich das überhaupt? Finde ich es wirklich gut und richtig, wie ich mein Leben gestalte?« nimmt erkennbar zu. Vermehrt wird Ausschau nach einer weniger anstrengenden Lebensgestaltung gehalten, danach, sich eine »andere Welt« nicht nur vorzustellen, sondern sie auch zu ermöglichen. So brachte die Zeitschrift »Stern« im Sommer 2003 eine lange Reportage »Einfacher und ruhiger leben«, das Magazin »Focus« setzte im Frühjahr 2004 »Yoga« auf die Titelseite, und etliche Frauenzeitschriften überbieten sich geradezu mit Entspannungsvorschlägen und Gesundheitstipps.

Auch unser Buch will sich dieser Thematik widmen. Als Einstiegstor wird dabei die »Zeit« gewählt, genauer: das Verhältnis vieler Menschen zu ihrer Zeit. Dabei soll auch die Motivlage beleuchtet werden, und zwar in zwei Richtungen: Einerseits soll nach den Beweggründen für die heutzutage übliche (Über-) Füllung der zur Verfügung stehenden Zeit gesucht werden; andererseits sollen die Motivationen beschrieben werden, die zu einem angenehmeren Umgang mit der Lebenszeit führen.

An unserem Umgang mit der Zeit ist nicht nur der Körper, sondern auch der menschliche Geist beteiligt – mehr als oft angenommen. Und zwar auf verschiedenen Ebenen: den Wahrnehmungen, der Gefühlswelt, den gedanklichen Regungen und der bewussten Bearbeitung.

Jedoch soll dieses Buch kein Klagelied über das allgemeine Lebenstempo und seine ständige Beschleunigung sein. Es wird nicht zu einem einfachen Abbremsen der Lebensgestaltung auffordern. Sein Inhalt soll vielmehr erkennbar machen, dass sich ein achtsames und glückliches Leben nicht allein durch eine Verlangsamung erreichen lässt.

Der Ausdruck »langsamer werden« erinnert an Eigenschaften wie »lahm« und »langweilig« und kann zu einem

Gefühl des »Runterziehens« führen (sehr klar ausgedrückt im englischen Wort »to slow *down*«). »Langsamkeit« mag zwar attraktiv klingen, an Gelassenheit erinnern, entspannende Wirkungen entfalten und ein erster Schritt zur Selbstbesinnung sein. Dennoch sollte sie eher als Einstieg und Methode, weniger als Ziel oder gar als »Qualität an sich« begriffen werden.

Denn wer könnte es schon verstehen, würde Tischtennis nicht mehr schnell gespielt werden, wäre bei der Tour de France das Fahrtempo auf ein Limit begrenzt. Niemand würde einem Bauern raten, sich bei aufkommendem Regen mit der Heuernte nicht zu beeilen, niemand würde einem Kind empfehlen, vor einem herannahenden Auto nicht schnell zur Seite zu springen. Für viele Menschen ist ein durch Zeitbegrenzung unterstützter Druck sogar notwendig, um eine Aktivität überhaupt beginnen bzw. beenden zu können. Das gilt überraschend häufig auch für selbständig und kreativ tätige Menschen.

Wenn unangenehme Zustände wie Nervosität, Erschöpfung und Abgelenktsein verändert werden sollen, kommt der selbstbestimmten Ausgestaltung der »Eigenzeit« eine zentrale Bedeutung zu. Obwohl die »Entdeckung der Langsamkeit« beim Umgang mit dem eigenen Lebenstempo eine wichtige Rolle spielt, werden in diesem Buch vorrangig die »Entdeckungen *durch* Langsamkeit« beschrieben. Nicht das Abbremsen, sondern die dabei zu gewinnenden Erfahrungen sollen betrachtet werden. Wer sich bewusst Zeit nimmt, möchte wissen, wie und womit sich diese Zeit füllt.

Die eher deprimierende Tendenz des Begriffes »Langsamkeit« erfordert die Suche nach einem Wort, das die fruchtbaren Aspekte eines hinsichtlich seiner Beziehung zur Geschwindigkeit umgepolten Lebens besser erläutern kann. Aus mehreren Gründen bietet sich der Ausdruck »Entschleunigung« hier an:

1. Das Wort »Entschleunigung« ist als Gegensatz zu »Beschleunigung« für alle Menschen von der grundsätzlichen Bedeutung her sofort verständlich.

2. Vor allem in seiner Tätigkeitsform »sich entschleunigen« dringt dieser Begriff direkt ins Zentrum des Buchthemas vor: Das eigene Leben soll mit Blick auf seine ständige Verdichtung und der damit einhergehenden Oberflächlichkeit und Zerrissenheit durchleuchtet werden. Auf diese Weise lassen sich Ziele wie Wachheit, Glück, Ausgeglichenheit und Offenheit und die Wege zu ihrer Verwirklichung anschaulich herausarbeiten und konkretisieren.

3. Viel deutlicher als der Ausdruck »Langsamkeit« weist »Entschleunigung« auf die Rolle des eigenen Geistes bei der Lebensgestaltung hin. Eine Umgewöhnung des bisherigen – schnellen – Rhythmus lässt sich ohne eine bewusste Einflussnahme selten auf akzeptable Weise in den Alltag integrieren. Eigenarten wie Hektik, Abgelenktsein und innere Unruhe können ohne eine gut durchdachte und begründete Motivation kaum dauerhaft überwunden werden.

4. Während Verlangsamung, langsam werden und »slow down« eher an Passivität und Verzicht und eine ansonsten unbeirrte Fortsetzung des bisherigen Lebensstils denken lassen, kann »Entschleunigung« die dahinter liegenden Triebkräfte viel direkter ansprechen. Anstatt das Gleiche langsamer zu tun, sollen Eile, Beschleunigung oder Gleichzeitigkeiten in einem selbst gestalteten aktiven Prozess aus dem eigenen Leben herausgefiltert werden. Auf diese Weise gerät sogar die Gesellschaft ins Blickfeld; auch sie lässt sich entschleunigen – zumindest der Umgang mit ihr.

5. Vor allem aber ist der Begriff »Entschleunigung« relativ neu und damit noch nicht derart abgenutzt und belastet

wie Langsamkeit, Anti-Stress-Training oder Entspannungsmethoden. So kann »entschleunigen« tief gehender und umfassender ansetzen als ein einfacher Tritt auf die Bremse und schon von der Wortbedeutung her die Sehnsucht nach einer mutigen und befreienden Ausfüllung der eigenen Lebenszeit unterstützen.

Grundsätzlich sind alle Menschen in der Lage, sich selbst zu entschleunigen, auch wenn es vor dem Hintergrund des heutigen »Zeitgeistes« schwierig erscheinen mag, diese Fähigkeit angemessen zu entwickeln und zu pflegen. Deshalb soll noch einmal ausdrücklich betont werden: Wer Hektik, Hast und Zerstreutheit aus dem täglichen Tun verbannt hat, muss noch lange nicht langsam handeln – schon gar nicht ständig. Die Alltagsgeschehnisse, das Leben überhaupt haben immer noch eine Geschwindigkeit, und diese kann durchaus hoch sein. Blitzschnelle Reaktionen sind ebenso möglich wie das konzentrierte, aber wohl eher gelassene Verfolgen eines Zieles.

Ein vom Getriebensein befreites Dasein ist höchst attraktiv. Es zeichnet sich durch ein hohes Maß an Spontaneität und Lebensfreude aus und kann darum Geduld, Freundlichkeit, Großzügigkeit, Wahrhaftigkeit und weitere äußerst produktive und positive Wirkungen entfalten.

»Sich selbst entschleunigen« bedeutet keineswegs, eine unangenehme Angewohnheit ganz einfach nur etwas langsamer zu tun, sondern es geht darum, sie kritisch zu überprüfen und sie allmählich zu ersetzen. Anders ausgedrückt: Es gilt, den Tag zu nutzen (»carpe diem«). Zu bedenken ist allerdings, mit welcher inneren Haltung jeder Augenblick wie und womit gefüllt wird.

Wenn Stress, Unruhe und Abgelenktsein erst einmal im »normalen Alltagstrott« identifiziert sind, kann damit begonnen werden, die Qualität dieses »Trotts« umzuwandeln. Etwas Neuartiges wird entstehen, das die Bedeutung des »aktiven Handelns« beim »Entschleunigen« im Vergleich zum passiven »langsamer werden« noch einmal spürbar werden lässt.

Durch die Bewusstmachung der eigenen Gepflogenheiten im Umgang mit der Zeit ergibt sich ein Herangehen an gewünschte Verhaltensänderungen, das Einsicht und Verständnis sowie den Wunsch nach Authentizität und Präsenz in den Mittelpunkt rückt. Nicht nur das »Wie«, sondern auch das »Warum«, die Motivation steht im Zentrum der Betrachtungen und Übungen. »Wieso fühle ich mich eigentlich immer so angespannt, getrieben und unausgeglichen? Wofür soll ich mich denn überhaupt entschleunigen – was bringt mir das?« So lauten die Fragen, denen nun nachgegangen wird.

Meist ist es den unter Geschwindigkeitswahn leidenden Menschen klar, dass sie ein Training gegen Stress benötigen. Jedoch erforschen sie selten die tieferen Ursachen für ihre innere Unruhe, die eigentlichen Gründe für ihr Getriebensein und ihre Frustrationsgefühle. Noch seltener werden die geistigen Kräfte durchdacht, die sie benötigen, um ein entschleunigtes Leben überhaupt durchzuhalten.

Ein in alle Richtungen vorbehaltloser Blick auf unser Dasein wird feststellen, dass Hektik und Beschleunigung keineswegs nur äußere Ursachen haben. Viel aufregender und viel erregender sind die Quellen im Inneren. Sie sind auch deshalb bedeutsamer, weil sie wesentlich leichter zu beeinflussen sind. Erst wenn die Unruheherde des eigenen Geistes erkannt, eingekreist, durchschaut und bearbeitet werden, können ihre oftmals verwirrenden und Angst steigernden Aktivitäten eingestellt werden.

Durch die Einbeziehung der geistig-spirituellen Dimension kann Entschleunigung weit umfassender ansetzen als manch ein Anti-Stress- oder Verhaltenstraining. Durch die mit allen Sinnen vorangetriebene Suche nach den Ursachen der Unzufriedenheit können Erkenntnisse und Erlebnisse zu intensiven Erfahrungen werden und starke Kräfte freisetzen. Diese Energien fördern eventuelle Um- und Neuorientierungen, da sie nun von selbst erarbeiteten Überzeugungen gestärkt und stabilisiert werden.

Durch die Arbeit in und mit sich selbst kann der Körper mit Hilfe des Geistes beruhigt werden, während ein entspannterer Körper wiederum zu einer Sammlung des Geistes beiträgt. Diese Praxis zeigt, dass es zwischen »sich selbst entschleunigen« und »sich selbst entwickeln« letztlich keinen Unterschied gibt.

In einem entschleunigten Leben geht es in erster Linie darum, eine Balance zu finden zwischen »zu schnell« und »zu langsam«. Es geht darum, mit beiden Extremen leben zu lernen, indem sie weitgehend vermieden werden. Auch wenn sich dieses Vorhaben am einfachsten in einem »Schonraum« (z.B. in einem Seminar, im Urlaub oder während eines Kur-Aufenthalts) erlernen und üben lässt, findet seine Verwirklichung »mitten im Leben« statt.

Dementsprechend sind die Ziele und Ergebnisse eines entschleunigten Lebens individuell sehr unterschiedlich und weder allgemeingültig festlegbar noch ganz konkret zu formulieren. Sie entwickeln sich in der praktischen Anwendung durch den einzelnen Menschen. Insofern ist Entschleunigung ein idealer Weg, um eine den eigenen Wünschen und Fähigkeiten entsprechende Selbsttransformation voranzutreiben.

Um die Ausgangslage ein wenig zu veranschaulichen und um eine gewisse Richtung anzudeuten, bieten sich Vergleiche mit Tieren an. Der Tiger beispielsweise ist schnell und stark, aber auch stets misstrauisch und in Alarmstimmung, denn er möchte der Herr des Waldes sein und bleiben. Voller Mut und Kraft ist er immerzu gierig und auf der Suche nach Beute, ständig treibend und dabei selbst getrieben, jagend und gejagt, kämpfend und bekämpft.

Wer diesen Tiger in sich entdecken und zähmen möchte, findet bei anderen Tieren Eigenschaften, die eine harmonische und zugleich effektive Übereinstimmung mit dem jeweiligen Lebensumfeld sichtbar machen. Dieser Einklang zeigt sich in der Gelassenheit der Schnecke, in der Geschmeidigkeit der Katze, im Scharfblick des Adlers und in der Langlebigkeit der Wildgans.

Dennoch sollten niemals die besonderen Fähigkeiten vergessen werden, die das Menschsein ausmachen. Wer sich entschleunigt, entwickelt allmählich und wie von selbst ein waches und erfülltes Leben: Achtsam, integer und durchaus schwungvoll und spontan, jedoch weitgehend ohne Eile, Kampf und Getriebensein. Stattdessen kann so ein Leben geprägt sein von Gleichmut, Humor, Freude und Freiheit, von Liebe, Friedfertigkeit, Weisheit und Würde – um nur einige wenige der wundervollen Fähigkeiten zu nennen, die uns jederzeit zur Verfügung stehen.

Trotte nicht in den Fußstapfen der Lehrer.
Suche, was sie gesucht haben.
Zen-Kalender-Spruch

I. Den Körper entschleunigen Bewusst beweglich bleiben

Im Zusammenspiel von Körper und Geist ist in der Regel der Geist der führende und der Körper der folgsame Teil. Dennoch kann eine Entschleunigung und Entspannung des Körpers sehr hilfreich für eine Beruhigung und Ausgeglichenheit des Geistes sein.

Immer mehr Menschen verspüren den Drang, innerlich ruhiger zu werden und sich ausgeglichener und glücklicher zu fühlen. Vielen fällt es jedoch schwer, diesen Wunsch in die Tat umzusetzen. Manche hoffen, dass es von außen kommende Angebote gibt, die ihnen dazu verhelfen, eine verloren gegangene innere Ruhe wieder herzustellen. Um ihre Nervosität mit Hilfe biochemischer Mittel zu vermindern, greifen einige zu Tabletten. Andere rauchen »zur Beruhigung« eine Zigarette, und nicht wenige versuchen, den Unruheherd auszuschalten, indem sie den Fernseher einschalten.

Ob diese Maßnahmen zu einem dauerhaften Erfolg führen, darf bezweifelt werden, denn sie verhindern, dass wir uns mit den tatsächlichen Ursachen der Anspannung beschäftigen. Wer sich wirklich um eine anhaltende innere Wandlung und Transformation bemühen will, wer sich selbst in Richtung Wahrhaftigkeit, Gelassenheit und Glück entwickeln möchte, wird sich nicht mit derart oberflächlichen Maßnahmen zufrieden geben dürfen.

Schließlich entstehen Unruhe, Gereiztheit, Verspannungen, Stress und das Gefühl, überlastet zu sein, nicht plötzlich oder allein auf Grund eines einzigen Vorfalls. Viele verbringen ihr halbes Leben damit, sich diese Eigenschaften und Zustände überhaupt erst anzugewöhnen. Jahrelang haben sie Pflichten übernommen und Erwartungen erfüllt, ihre Ansprüche gepflegt und ihre Wünsche erhöht. Sie haben Leistung, Effizienz und Gewinnstreben akzeptiert und sich nicht gegen Fremdbestimmung, Beschleunigung und Auslese gewehrt.

Tritt dann noch eine nachlassende oder nie vorhanden gewesene Identifikation mit dem eigenen Handeln hinzu, ist eine emotionale und psychische Ausgeglichenheit bald dahin. Wer ohne echte Anteilnahme einer lediglich aus finanziellen Gründen ausgeübten Arbeit nachgeht, braucht sich über eine allmählich wachsende psychische Unausgeglichenheit ebenso wenig zu wundern wie andere, die sich wegen ihres übergroßen Engagements für einen geliebten Beruf kaum noch um ihr privates Wohlergehen in ihrer Familie kümmern können.

Auch unser Körper muss diese Schieflage ertragen, und schenken wir ihm zu wenig Aufmerksamkeit, verschlimmert sich dieses Missverhältnis. Zwar ist der Körper Akteur und damit Hauptbetroffener, aber ihm wird in der Regel nur eine untergeordnete Rolle zugewiesen. Als Befehlsempfänger des Willens erscheint er lediglich als Mittel zum Zweck. Er hat folgsam zu sein und muss funktionieren. Kann es da noch erstaunen, wenn der Körper als Erster mit Widerstand reagiert und sich mit Schmerzen, Verkrampfungen und Kraftlosigkeit meldet?

Wenn sich die von fehlender Überzeugung und ständiger Überbeanspruchung bestimmten Zustände bereits körperlich bemerkbar gemacht und festgesetzt haben, kann eine nachhaltige Besserung von heute auf morgen nicht erwartet werden. Medizinische Mittel mögen vielleicht helfen, diese Beschwerden erträglicher zu gestalten, indem sie zeitweise unterdrückt werden. Substanzen wie Nikotin, Alkohol oder Koffein wirken zunächst in eine ähnliche Richtung, sorgen mittelfristig jedoch für eine weitere Verschärfung der Symptome.

Und womöglich lässt sich die These formulieren: Wer sich zehn Jahre lang mit viel innerer, also auch intellektueller und gefühlsbestimmter Anstrengung ein körperliches Bewegungsmuster angewöhnt hat, das von hoher Anspannung, ständiger Überforderung und einem Gefühl des Ausgelaugtseins geprägt ist, sollte die gleiche Kraft und Zeit aufwenden müssen, um diese Eigenschaften wieder loszuwerden.

Diese etwas pointierte Aussage mag zunächst wenig hoffnungsvoll klingen. Aber vielleicht gelingt es ihr, uns ein wenig wachzurütteln und uns einen wichtigen Ansatzpunkt aufzuzeigen: die Chance, dass sich Gewohnheiten verändern lassen. Um diesen Wandel zu schaffen, dürfte allerdings nur eine einzige Maßnahme tatsächlich verheißungsvoll, ja sogar die eigentliche Voraussetzung zum wirklichen Wandel sein: die Eigenaktivität.

Allzu verbreitet ist die Vorstellung, man könne bei dieser Art von Beschwerden auf fremde, von außen kommende Hilfe hoffen, z. B. von der Ärztin, dem Masseur oder nahen Angehörigen. Diese können eine Selbsthilfe zwar unterstützen, aber nicht übernehmen. Gewohnheitsveränderungen können nicht delegiert werden. Sie sind nur durch eigenes Tun und Handeln erreichbar.

In den vergangenen Jahren haben sich viele Angebote entwickelt, die diese Vorgehensweise unterstützen möchten. Schon länger sind Anregungen beliebt, die sich dem Körper widmen. Parallel zu den Sportvereinen sind viele Fitness-Studios, Saunas, Trainings-Zentren oder Lauf-

Treffs entstanden. Die meisten der dort eingesetzten Methoden wenden sich direkt der körperlichen Ebene zu, zeichnen sich also durch Muskelaufbau, Belastungsübungen und Bewegungstipps aus. Die durch das Training ausgelöste Erhöhung des Endorphinausstoßes kann zwar zu zeitweiligen Glücksgefühlen führen, aber in der Regel überwiegt das Motto: »Mehr erreichen in kürzerer Zeit«. Der begrüßenswerte Impuls, sich selbst aktiv um eine Verbesserung des körperlichen Zustands zu bemühen, wird überlagert vom Ziel, die Belastungen und Fehlleitungen des Alltags nicht direkt anzuschauen oder sogar zu verwandeln, sondern sie zeitweise zu verdrängen, um sie danach möglichst noch besser aushalten zu können.

Besonders gefragt sind derzeit Angebote, die unter dem Begriff »Wellness« firmieren. Sie alle erheben den Anspruch, sich direkt dem »Wohlfühlen« zu widmen. Aber auch sie beschränken ihr Herangehen häufig auf den Körper und sind überwiegend nach außen orientiert, wenn sie vorrangig verschiedenartige Bäder, eine ausgewählte Ernährung, eine intensive Haut-, Fuß- und Augenpflege oder exotische Massagen anbieten sowie eine luxuriöse Bequemlichkeit und Betreuung favorisieren. Die Bemühungen anderer sind dann wichtiger als die Selbsthilfe. Auf diese Weise wird einer Konsumhaltung Vorschub geleistet, die das Üben der Eigenaktivität und eine innere Beteiligung einschränkt. Stattdessen stehen Erholung und Krafttanken im Vordergrund, um anschließend frisch gestärkt die alten Gewohnheiten auszuleben.

Dennoch sollen diese Methoden nicht abgewertet werden. Schließlich fördern sie die Gesundheit und noch wichtiger: Ihnen geht ein Entschluss voraus. Wer ins Fitness-Studio geht, lernt den eigenen Körper besser kennen. Auf einem Wellness-Wochenende können verdrängte Wünsche ins Blickfeld geraten. Nicht unterschätzt werden dürfen auch die fruchtbaren Wirkungen des Austausches mit Gleichgesinnten und Gleichbetroffenen.

So kann unser innerer Zustand ins Zentrum der Aufmerksamkeit rücken und möglicherweise können wir lernen mit ihm umzugehen. Durch von außen vorangetriebene Maßnahmen, durch Übungen, die vorrangig die körperliche Ebene ansprechen, entsteht manchmal die Erfahrung, dass Körper und Geist im Grunde nicht zu trennen sind.

Was verstehe ich unter »Geist«? Im Folgenden möchte ich ihn als das Zusammenspiel von Wahrnehmungen, Empfindungen, gedanklichen Regungen und Bewusstsein thematisieren. Manche werden diese Kombination auch als »Herz« oder »Herzgeist« bezeichnen. Darüber hinaus will ich »Geist« in etwa gleichsetzen mit anderen gängigen Begriffen wie Kopf (»Kopf und Bauch«), Gehirn und Verstand oder auch Vernunft und Psyche. Das Wort »Geist« bietet sich hier unter anderem auch wegen seiner Kürze an.

Zwar wohnt in einem kraftvollen und entspannten Körper noch nicht automatisch ein ausgeglichener und ruhiger Geist. Wer sich aber kontinuierlich um einen geschmeidigeren körperlichen Zustand bemüht, wird über kurz oder lang ähnlich harmonisierende Wirkungen auf der mentalen Ebene erleben.

Besonders Erfolg versprechend ist der Einsatz von Methoden, die den Zusammenhang von »Bauch und Kopf« bewusst in ihre Konzeption mit einbeziehen. Für körperorientierte Übungssysteme heißt das, dass sie Elemente enthalten sollten, die in einem positiven Sinn »auf den Geist« gehen. Immer mehr Menschen suchen nach solchen Anwendungsmöglichkeiten. Und besonders fernöstliche Entspannungsmethoden erfreuen sich einer steigenden Beliebtheit. Die meisten Krankenkassen in Deutschland unterstützen solche Angebote. Praktiken wie Yoga, Taijiquan, Qigong oder Meditation gelten als gesundheitsfördernd[1].

Diese Systeme enthalten – ebenso wie ihre westlichen Interpretationen und Ergänzungen – ein gern als »ganzheitlich« bezeichnetes Vorgehen. Grundlage dieses Ansatzes ist es, den Menschen stets als »Ganzes« zu betrachten, als ein Wesen, dessen Zustände und Handlungen immer in einem Gesamtzusammenhang stehen. Für die genannten Praktiken bedeutet dies in erster Linie, an äußeren Bewegungen innerlich teilzunehmen. Mit anderen Worten: Der Geist soll angeregt werden, sich einerseits aufmerksam mit dem zu beschäftigen, was der Körper gerade vollbringt, andererseits soll er dazu beitragen, sich an der zukünftigen Gestaltung der Aktivitäten des Körpers bewusst zu beteiligen.

Seit über 15 Jahren vermittle ich in verschiedenen Bereichen der Erwachsenen- und Gesundheitsbildung Taijiquan, Qigong und Meditation, die ich – inklusive Yoga – gern als »Entschleunigungsübungen« bezeichne. Der Unterricht hat es mir gestattet, die Bewegungsmuster und -gewohnheiten vieler Menschen kennen zu lernen. Und ich konnte und kann den Einfluss der Übungen auf die Be-

---

1 »Qigong« ist der Oberbegriff für eine Vielzahl von Übungen, die die Stärkung der Lebenskraft »Qi« anstreben. Sie wurden in China entwickelt und sind daoistischen Ursprungs. Sie bestehen aus einer Kombination von langsamen Bewegungen (einige Methoden bewegungslos), Atemregulierung und Aufmerksamkeitslenkung. – »Taijiquan« hat ebenfalls chinesisch-daoistische Wurzeln. Die festgelegte Abfolge langsamer Bewegungen um das Zentrum des Körpers hat meditative Wirkungen. Die deutsche Übersetzung »Schattenboxen« weist auf den Kampfkunstaspekt dieser Methode hin. – »Yoga« ist ein im alten Indien entwickeltes System aus Atem- und Bewegungsübungen, die in westlichen Ländern eine unterschiedlich starke geistig-spirituelle Dimension beinhalten. – »Meditation« im engeren Sinn sind Übungen, die ohne körperliche Bewegungen praktiziert werden. Sie sollen den Geist des Menschen sammeln, ihn klären und beruhigen. Oft wird die Aufmerksamkeit der Ein- und Ausatmung gewidmet. Im erweiterten Sinn wird der Begriff »Meditation« auch für Übungen mit Bewegung angewendet. Dann gelten Taijiquan, Yoga, Qigong, Aikido usw. ebenfalls als meditative Übungen.

findlichkeit der Teilnehmenden beobachten. Diese kleinen, aber feinen Wirkungen zeigen sich sowohl auf der körperlichen als auch der geistig-psychischen Ebene.

Aufschlussreich ist schon ein Blick auf die Einstiegsmotivation. Normalerweise begründen Beginnende ihre Teilnahme an einem Kurs, der z. B. unter dem Titel »Sanft in Schwung mit Qigong« oder »Sich selbst entschleunigen mit Taijiquan« angeboten wird, mit einer Mixtur aus Beschwerden und Wünschen. Auf der einen Seite erhoffen sie sich eine Verbesserung ihrer körperlichen Konstitution, die sie als mehr oder weniger problematisch empfinden. Viele fühlen sich verkrampft; einige spüren starke Spannungen und leiden unter Schmerzen vor allem im Rücken- und Schulterbereich. Und manchmal werden sogar Beschwerden wie Bandscheibenvorfall, Tinnitus oder Asthma genannt.

Auf der anderen Seite – und das heben die meisten hervor – möchten sich die Interessierten einfach »runterbeamen« – ein mittlerweile üblicher Ausdruck für das Bedürfnis, sich den Kopf »freizuschaufeln«, ruhiger und gelassener zu werden. Geklagt wird vornehmlich über psychische Belastung. Zu viele Gedanken, zu viele Sorgen und Pläne kreisen zu häufig und zu schnell durch die Gehirnwindungen. Die Ursachen werden vorrangig in einer übermäßigen Beanspruchung von außen, durch den Beruf oder die Familie gesehen. Teilnehmer und Teilnehmerinnen, die sich völlig erschöpft und ausgebrannt fühlen, sind eher selten. Fortgeschrittenen ist in der Regel der Zusammenhang zwischen Körper und Geist bekannt. Und ähnlich wie die Neulinge nennen auch sie überwiegend geistig-psychische Belastungen als Grund ihrer Teilnahme, wohingegen körperliche Beschwerden bei ihnen eine eher untergeordnete Rolle spielen.

Wenn sich in meinen Kursen die Übungen – vergleichbar dem Fitness-Studio oder Sportvereinen – vorrangig dem

Körper widmen, sind viele der Teilnehmenden ein wenig überrascht. Und auch ich als Lehrer bin erstaunt, allerdings eher darüber, wie wenig die meisten Teilnehmer ihren eigenen Körper zu kennen scheinen. Der Anblick, wie manche Menschen stehen, gehen oder sich bewegen, erweckt nicht selten in mir den Eindruck, sie wüssten überhaupt nichts Kreatives mit ihrem Körper anzufangen. Diese Einschätzung darf nicht missverstanden werden. Schließlich sind heutzutage so gut wie alle Menschen in der Lage, Rad, Auto oder sogar Ski zu fahren. Sie können laufen, schwimmen und Tennis spielen. Sie kochen, tischlern und bedienen den Computer. Und doch: Langsame und bewusste, also entschleunigte Bewegungen, wie sie beim Erlernen von Taijiquan und Qigong, aber auch bei Yoga und vielen anderen meditativen Übungen von Anfang an gang und gäbe sind, fallen den meisten unglaublich schwer.

Mögen sich die Gründe dafür auch individuell unterscheiden, sie lassen sich dennoch grob in zwei Gruppen zusammenfassen. Da ist zum einen der nicht klar vermittelbare (da erfahrungsabhängige) und am Anfang auch kaum spür- und nachvollziehbare Zweck eines von Ruhe und Langsamkeit bestimmten Bewegungstrainings. Die Übungen scheinen zunächst auch kein richtiges Ziel zu haben, sondern lediglich den gewohnten Wahrnehmungen und Orientierungen gänzlich entgegengesetzt zu sein, wenn sie sich nicht sogar vollkommen sinnlos anfühlen.

Ursache Nummer zwei ist die Langsamkeit selbst. Eine Taiji-Sequenz oder eine Yoga-Stellung sind ohne eine Beteiligung des Bewusstseins nicht zu bewerkstelligen. Außerdem entsprechen sie nicht den bekannten Bewegungsmustern. Der Körper möchte alle seine Bewegungen automatisch in der gewohnten Geschwindigkeit durchführen oder sogar beschleunigen. Ohne einen »Befehl von oben«, ohne ein Eingreifen des Verstandes würde dem Körper eine verlangsamte Bewegung nicht gelingen. Einen Stein in einen See schleudern – nichts leichter als das! Schon beim Werfen selbst kann sich die Aufmerksamkeit mit der erhofften Wurfweite beschäftigen. Wer jedoch den Schwung des Armes willentlich abbremst, verliert den Wurf aus dem Blick und muss sich völlig dem Bewegungsfluss des Armes widmen. Ablenken könnte höchstens die Angst, dass der Stein auf die eigenen Zehen fällt.

Entschleunigte Bewegungen erfordern also eine neuartige Ausrichtung des Geistes. Deshalb kann Entschleunigung als »der geniale Trick« aller meditativ ausgerichteten, aber auch anderer ganzheitlich orientierter Methoden bezeichnet werden. Durch die bewusste Verlangsamung, Entschleunigung von Bewegungen erhält der Körper in der Rückkoppelung einen direkten Zugang zum Geist.

Dieses durch ein gewolltes Abbremsen veränderte Zusammenspiel von Körper und Geist kann durch einen zweiten »Trick« ergänzt werden, durch die Atembetrachtung bzw. durch eine bewusste Atemführung. Diese Dimension spielt bei Qigong und vielen Meditationsarten, aber auch bei Yoga und der im Westen entwickelten Atemarbeit eine wichtige Rolle.

Im Rahmen dieses Buches möchte ich eine solche Neuentwicklung vorstellen, die diese beiden »Tricks« miteinander verbindet. Diese Übungsfolge besteht aus acht einfachen Bewegungen, die im Stehen oder auf einem Stuhl bzw. Hocker sitzend ausgeführt werden können. Manche werden diese Sequenz als »Qigong« einordnen, andere werden die Bewegungen in ihrer schnelleren Ausführung aus anderen Zusammenhängen und in anderen Variationen und Ausführungen kennen (Gymnastik, Tanz oder Gesundheitskurse). Im Grunde kann diese Methode jedoch unabhängig von jeglichem kulturellen Hintergrund von jedem Menschen jederzeit und überall praktiziert werden. Überschrieben ist diese Übungsreihe mit dem Namen

»Acht mal acht entschleunigte Bewegungen«. Wer die Verbindung zum Atem verdeutlichen möchte (jede Bewegung sollte achtmal im Einklang mit der Ein- und Ausatmung wiederholt werden), nennt sie »Acht mal acht Bewegungen, um sich mit Hilfe der Atmung zu entschleunigen«. In jedem Kapitel wird je eine Übung vorgestellt.

Es ist möglich, diese Bewegungssequenz im Eigenstudium zu erlernen und erfolgreich zu praktizieren. Empfehlen möchte ich jedoch, sich um Anregungen und Korrekturen durch den Besuch mindestens eines Entspannungs-, Yoga-, Qigong-, Atemarbeits- oder Taiji-Kurses zu bemühen.

Wie sich die Kombination von langsamen Körperbewegungen und eine dieser Dynamik angepasste Atemführung anfühlt, kann mit Hilfe der Übungsreihe am eigenen Leib erfahren werden. Und so kann sich auf ganz praktische Weise der dritte »Trick« zeigen, der diese Art des Umgangs mit sich selbst so ergiebig macht: die Energie der Achtsamkeit.

Sowohl die Entschleunigung der Körperbewegung (»Trick 1«) als auch der durch Beobachtung regulierte Atem (»Trick 2«) führen zu einer erhöhten Konzentration, die sich auch als bewusste Aufmerksamkeit bezeichnen lässt. Durch die Übungen (z. B. die Folge »Acht mal acht«) wird diese Aufmerksamkeit geschult. Sie wird auf die Bewegungen und den Atemfluss ausgerichtet und dabei mehr und mehr als ein Training der Achtsamkeit entdeckt und erfahren. Auf diese Weise wird die Wahrnehmung selbst zu einem unterstützenden Element dieser Praxis, also zu »Trick 3«.

Allmählich, je nach Disziplin beim Üben, wird sich die Aufmerksamkeit verselbständigen und sich zu einer Kraft entwickeln, die auf die Übungen zurückwirkt und deren Erfolg verstärkt. Hat sich der Körper durch das Training immer mehr entspannt, beginnt er sich selbständig um einen von Harmonie und Geschmeidigkeit geprägten Bewegungsfluss zu bemühen. Es ist dann hauptsächlich die auf diese Weise entstehende Energie der Achtsamkeit, die die Verbindung zum Geist herstellt. So kann eine durch Entschleunigung erreichte Beruhigung des Körpers sehr hilfreich für eine Beruhigung und Ausgeglichenheit des Geistes sein.

Wenn die zunächst als »Trick 3« forcierte Aufmerksamkeit durch regelmäßige Wiederholung allmählich zum »Selbstläufer« geworden ist, wird wesentlich mehr wahrgenommen als nur die Atmung und die Bewegungen des Körpers. So gerät etwa der Geist selbst mit all seinen Facetten (Sinneseindrücke, Gefühlsregungen, Gedankenwelt, Bewusstsein) ins Blickfeld. Hinzu kommt die gesamte Um- bzw. Mitwelt mit ihren verschiedenartigsten sozialen, ökologischen, kulturellen und gesellschaftlichen Phänomenen.

Mit anderen Worten: In den Fokus gerät mehr und mehr die momentane Situation. Hier spielt sich das gesamte wahrnehmbare Geschehen ab. Zu genau dieser bewussten Wahrnehmung des jetzigen Augenblicks sollen die Übungen hinführen. Hier, in der Gegenwart liegt das Eintrittstor zum Leben. Wenn es gelingt, den Körper bei seinem augenblicklichen Tun zu beobachten, zu spüren und zu genießen, dann ist ein wichtiger Kontakt zum Leben selbst hergestellt. Auf diesen Aspekt wird in den folgenden Kapiteln noch mehrfach einzugehen sein.

Lenken wir unser Augenmerk noch einmal auf die Bedeutung der Eigenaktivität. Entschleunigung entsteht nicht von selbst, sie ist ein praktisches körperliches Handeln unter Anleitung des eigenen Geistes. Allein durch diese innere Teilnahme erreichen Entschleunigungsübungen eine »auf den Geist gehende« Wirkung.

Und diese Wirkung ist konkret erlebbar. Das zeigt sich besonders bei der Atmung. Wie oft ist es in Kursen mit bewusster Körper- und Atemarbeit zu erleben, wie Menschen mit Atembeschwerden sich durch die Übungen besser fühlen. Durch eine regelmäßige Qigong-Praxis können Asthmakranke häufig mit weniger oder sogar gänzlich ohne Medikamente auskommen. Selbst Menschen, die unter permanenten Schmerzen oder Tinnitus leiden, erlernen und erleben durch aufmerksame Bewegungen oftmals einen lindernden Umgang mit ihren Beschwerden. Auf diese Weise genießen sie eine doppelte Wirkung: Sie verringern ihre Abhängigkeit von Ärztinnen und Therapeuten, denn sie können nun endlich selbst etwas tun. Und sie ersparen sich die Kosten für Tabletten und Anwendungen.

Ein interessantes Beispiel für die Bedeutung einer aktiven Beteiligung des Körpers an Gewohnheitsveränderungen hat eine amerikanische Studie aufgezeigt. Dort erwies sich ein Taiji-Training als wirkungsvolles Mittel gegen Stürze. Während eine Gruppe sturzgefährdeter älterer Menschen einen (passiven) Gesundheitsunterricht erhielt, absolvierte eine zweite 48 Wochen lang zweimal die Woche ein Taiji-Training. Zwar profitierten beide Gruppen von dem Angebot, aber der Effekt der Taiji-Übungen war wesentlich stärker. Bereits im vierten Monat war in der Taiji-Gruppe das Sturzrisiko um 40 Prozent gesunken (Psychologie heute 8/04).

Doch weitaus die meisten der an Entschleunigungsübungen Interessierten haben keine derart spezifischen Probleme. Viele sind schon froh, wenn sie während der Kursstunde auf andere Gedanken kommen. Und manchmal erzählen sie, wie überrascht sie über ihre Erfahrungen sind, wie intensiv sie nach ein bis eineinhalb Stunden Üben die Wirkungen gespürt haben. Wenn sie für diese Zeit das Gedankenkarussell in ihrem Kopf abstellen und ihre Alltagssorgen vergessen konnten, fühlten sie sich in der Regel gelassener und ruhiger – zumindest für eine Weile.

Gerade diese konkret erlebbaren geistig-psychischen und emotionalen Wirkungen sind es, die körperliche Entschleunigungsübungen so attraktiv machen. Noch einmal beweist sich die Bedeutung, die einer körperorientierten Arbeit an sich selbst zukommt. Doch eigentlich ist dieser Effekt nicht sehr überraschend, denn schließlich ist der eigene Körper greifbar, anfassbar. Die Äußerungen des Körpers sind ganz klar erkenn- und sichtbar. Aus diesem Grund ist der Körper wesentlich »handhabbarer« als der Geist. Neue Bewegungen lassen sich ihm besser beibringen als dem Geist, weil sie direkter und leichter überprüfbar sind.

Ein sehr anschauliches Beispiel für das Zusammenspiel von Körper und Geist griff bereits im Frühsommer 1991 (23/91) das Magazin »Der Spiegel« auf, als es in einem Artikel über das »Volksleiden Rückenschmerzen« das »chinesische Schattenboxen« (Taijiquan) als Therapiemaßnahme anbot. Hier beklagte eine junge Frau die lediglich kurzfristigen Heilungserfolge eines Chiropraktikers bei der Behandlung ihres steifen und schmerzenden Rückens. Bald nach dem Einrenken der Wirbel hätten die Schmerzen wieder eingesetzt. Erst durch das Üben von Taijiquan habe sie verstanden, dass der »Körper ein Spiegel der Seele« sei. Sie fügte hinzu: »Es ist mein Wesen, das steif ist.«

Bei Bewegungen ist es immer der Geist, der führt. Der Körper befolgt nur, was der Geist (im Sinne von Wille und Absicht) vorgibt. Gerade beim Üben von Qigong oder Yoga ist das der Fall, wie überhaupt bei allen körperorientierten Methoden. Hier fordert der Geist ganz bestimmte körperliche Aktionen. Die dabei nötige Aufmerksamkeit und das Engagement führen zu einer Art Achtsamkeit, die die Handlungen des Körpers ausrichtet und leitet. Der Körper wird also bewusst bewegt und behandelt. Ihm werden Aktionen und eine Dynamik zugemutet, die mit Hilfe von

Entschleunigung, Konzentration und Atemregulierung allmählich zu Entspannung, Elastizität und Geschmeidigkeit führen.

Werden diese Aktivitäten über einen längeren Zeitraum regelmäßig praktiziert, beginnt der Körper sich an diese Art der Bewegung zu gewöhnen. Er handelt dann entspannter, ruhiger und fließender. Und mit der Zeit geschieht dies, ohne dass sich der Kopf direkt darum bemühen muss. Der Körper lebt dieses neuartige Verhalten von selbst aus. Zwar ist das Bewusstsein noch als Beobachter anwesend, aber es ist von seiner Rolle als Antreiber entlastet. Der Körper beginnt, verinnerlichte Bewegungsmuster zu vollziehen, an denen der Geist zwar noch beteiligt ist, deren Auswirkungen er aber nicht mehr kontrollieren kann. Das Bewusstsein kann nicht mehr voraussehen, wie dieses körperliche Agieren auf den Geist zurückwirkt. Nun handelt ein entschleunigter und geschmeidigerer Körper und nimmt mit dieser Dynamik Einfluss auf den Geist. Diesem Einfluss kann sich der Geist nicht lange entziehen.

Bei vielen, die sich zum ersten Mal in körperlichen Entschleunigungsübungen versuchen, wird sich zunächst die Fähigkeit entwickeln, den eigenen Körper überhaupt erst richtig wahrzunehmen. Im Spiel mit der bewussten Spannung und Entspannung, mit dem Ein- und Ausatmen und der konzentrierten Aufmerksamkeitslenkung werden Blockaden erspürt und aufgelöst, sei es im Rücken, in den Schultern, Armen, Händen oder Beinen. Ins Blickfeld gerät ferner das dem Bauchraum zuzuordnende Körperzentrum und – vor allem beim Taijiquan – das Gefühl, sich »von der Mitte her« zu bewegen. Nach einer beständigen, möglichst täglichen Praxis kann das »wissende Gefühl« entstehen, dass der eigene Geist vollkommen im eigenen Körper heimisch ist und mit ihm eine Einheit bildet; eine Einheit, die vielleicht am besten als Gesamtpersönlichkeit, als Wesen oder auch als Gemüt bezeichnet werden kann.

Die Wirksamkeit einer zeitweiligen bewussten Verlangsamung von Körperbewegungen lässt sich oft an jenen Teilnehmerinnen und Teilnehmern nachweisen, die einen Kurs vorzeitig abbrechen. Denn nicht immer führt eine regelmäßige Entschleunigungspraxis zu den angestrebten, insgeheim erhofften Ergebnissen. Oft stellt sich heraus, dass »einfach zu viel hochgekommen ist«, was von den Betroffenen aber nicht immer direkt zugegeben wird. Wie ist dieses Phänomen zu erklären? Ein von Anspannung weitgehend befreiter, »entstresster« und liebevoll gepflegter Körper bindet nicht mehr so viele Kapazitäten des Geistes. Während er sich zuvor darum bemühen musste, den Körper mit Aufgaben zu versorgen, die dem gewohnten Spannungslevel entsprachen, hat der Geist nun mehr Freiräume, mehr Zeit und mehr Muße, die er dazu nutzen kann, sich selbst wahrzunehmen.

Manchen Menschen wird gerade auf diesem Wege erst richtig bewusst, wie unruhig sie innerlich sind, welcher Gedankensalat ihr Gehirn füllt und wie wenig sie in der Lage sind, das zu denken, was sie wollen. Die Impulse, die von einem friedlicher, schmerzfreier und gelöster werdenden Körper ausgehen, sorgen dafür, dass der tatsächliche Zustand des eigenen Geistes nicht länger von Aktivitäten überlagert, durch Ablenkungen verdrängt oder mit falschen Wahrnehmungen unterdrückt werden kann. In einem gewissen Sinne holen somit die Entschleunigungsübungen die »Wahrheit« der betreffenden Person, ihre tatsächliche Lebenslage und ihre wirkliche Alltagssituation ins Licht des Bewusstseins. Da es eines der Ziele unseres Daseins ist, das eigene Leben zu durchschauen und zu bejahen, ist diese Wirkungsrichtung eigentlich begrüßenswert. Wer aber erkennen muss, dass er oder sie sich in einer fragilen oder schwierigen Lage befindet und ein wichtiger Teil des Lebens (Ehe, Wohnung, Sucht, Ernährung oder Arbeitsplatz) eigentlich auf eine sofortige Änderung wartet, schreckt dann doch lieber vor einer Methode des Übens zurück, die diese Notwendigkeit aufzeigt und fühlbar werden lässt.

Dem Einfluss eines beruhigten, entspannten und geschmeidigen Körpers kann ein unruhiger Geist auf Dauer nicht ausweichen. Auf diese Weise trainiert, geht der Körper voran und übt einen beruhigenden und heilsamen Einfluss auf den Geist aus. Er kann dazu beitragen, Hoffnungen und Erwartungen zu erfüllen, die sich in Sätzen ausdrücken wie: »In einem ruhigen Körper wohnt ein ruhiger Geist« oder: »In einem geschmeidigen Körper wohnt ein gelassener und harmonischer Geist.«

Selbstverständlich sollte auch folgender Zusammenhang angestrebt werden: »In einem beweglichen Körper wohnt ein beweglicher Geist.« Entschleunigungsübungen führen in keinem Fall in Richtung Bewegungsunfähigkeit oder gar Bewegungslosigkeit. Im Gegenteil: Ziel ist es, bewusst beweglich(er) zu werden, zu sein und zu bleiben. Und wenn Leben als Bewegung definiert wird, dann wird mit solchen Übungen mehr Lebendigkeit erobert – zumindest die Grundlage dafür.

Der Körper des Menschen ist ein Leben lang sein Zuhause. Er ist pausenlos die Wohnung des Geistes. Deshalb ist es mehr als natürlich, ihn zu beachten, zu schützen und zu entwickeln. Den Körper zu pflegen und ihn in eine Wohlspannung zu versetzen ist gleichbedeutend mit einer Pflege des Geistes. Körperpflege ist somit eine Pflege des Lebens. Deshalb kann es bei Entschleunigungsübungen nicht darum gehen, den Körper ruhig zu stellen, ihn zu behindern oder gar zur Unbeweglichkeit zu treiben. Vielmehr ist es das Ziel, den Anteil des Körpers an der Unruhe des Geistes und des Gemüts bewusst zu machen und zu vermindern.

Um einer übertriebenen Erwartungshaltung gegenüber den Entschleunigungsübungen entgegenzuwirken und andere Übungen und Methoden nicht abzuwerten: Auch in Fitness-Studios und im Wellness-Urlaub findet Lebenspflege statt. Wenn dort Krafttraining, Dehnübungen, Massagen, ausgewogene Ernährung, Entspannungsmöglichkeiten oder Anti-Stress-Konzepte angewendet werden, dann wirken auch diese Praktiken auf die innere Befindlichkeit ein. Manchmal – vor allem im Wellness-Bereich – enthalten diese Methoden sogar eine bewusst den Geist einbeziehende Dimension. Doch in der Regel sind es außenorientierte körperliche Leistungen, sind es Krafttraining und Erschöpfung, Regeneration und Rückzug aus dem Alltag, die die hauptsächliche Motivation und Wirkungsrichtung dieser Aktivitäten ausmachen.

Und so haben selbstverständlich auch diese Praktiken eine Rückwirkung auf den Zustand des Geistes und des Gemüts. Ihre Aufgabe besteht jedoch hauptsächlich darin, den gewohnten Alltagstrott lediglich zu unterbrechen und sich zu regenerieren, also fit zu machen für ein weiteres Ertragen eben dieser Lebensumstände. Im Vordergrund steht eine Bestätigung und Stabilisierung von gewohnten Orientierungen und nicht deren Bewusstmachung, Überarbeitung und Transformation. Wer an einer gründlicheren Neuausrichtung und einer inneren Umwandlung interessiert ist, wird in Kraft- und Sport-Zentren kaum fündig werden und muss sich im Wellness-Bereich äußerst gut auskennen, um Angebote zu finden, die transformierende, zumindest aber ganzheitliche Methoden beinhalten.

Eigene Erfahrungen in Fitness-Anlagen und Wohlfühl-Orten können jedoch wichtige Impulse liefern, um sich endlich einmal ganz bewusst um sich selbst zu kümmern. Wer diesen Weg beschreitet, wird feststellen, dass ein bewusster Umgang mit dem Körper das Einstiegstor zu weiteren Arten der Lebenspflege sein kann. Wenn durch die Auswirkungen eines körperlichen Trainings die Befindlichkeit des eigenen Geistes spürbar wird, können so spannende Fragen auftauchen wie: »Was geschieht eigentlich mit meinem Geist, wenn er zur Ruhe kommt? Was macht er dann? Womit wird er sich beschäftigen?« Der Versuch, hier Antworten und Anregungen zu finden, wird den Leitgedanken der Kapitel II-V bilden.

Acht mal acht entschleunigte Bewegungen

Die Aufmerksamkeit wecken

Suche dir einen schönen Platz in der Wohnung oder im Garten. Du musst die Arme in alle Richtungen (links, rechts, oben, vor dir) ausstrecken können, ohne etwas zu berühren. Sorge dafür, dass du nicht gestört wirst. Vielleicht magst du leise Instrumentalmusik hören.

Stelle dich aufrecht hin und versuche immer wieder, alle Gelenke zu lockern und die Muskeln zu entspannen. Die Füße stehen parallel ungefähr schulterbreit auseinander (Bild 1). Die Knie sollten leicht gebeugt sein. Die Arme hängen neben dem Körper. Der Kopf ist erhoben (Bild 2). Die Atmung bleibt ruhig und noch ungeführt. Bleibe eine gewisse Zeit so stehen und sei Dir Deiner Anwesenheit bewusst.

Übung 1 besteht aus einem einfachen Heben und Senken der nicht angespannten Arme. Sie steigen bei der Einatmung langsam nach vorne bis auf Schulterhöhe (Bild 3). Auch die Hände (Handrücken nach oben) sind geöffnet und weich.

Mit der Ausatmung sinken die Arme, bis sie für einen Moment wieder locker neben dem Körper hängen. Wiederhole diese Bewegung sieben Mal. Wenn du möchtest, kannst du beim Ausatmen ein wenig in den Knien und im Leistenbereich einsinken (Bild 4) und beim Heben der Arme langsam wieder hochkommen, ohne die Beine durchzustrecken.

Wenn du dich an den stetigen Fluss der Bewegung und der Atmung gewöhnt hast, solltest du versuchen, dich auf die bewegten Bereiche deines Körpers zu konzentrieren. Schenke ihnen deine Aufmerksamkeit. Deine Wahrnehmung darf auch deinem Körperzentrum im Bauchraum gelten. Vielleicht spürst du, wie der Impuls für die Bewegungen aus dieser Mitte kommt. Es dürfen Gedanken in dir entstehen wie: »Ich wecke meinen Körper mit Hilfe meiner Achtsamkeit. Ich spüre, wie mein Körper aufwacht. Ich fühle mich frisch.«

Bild 1

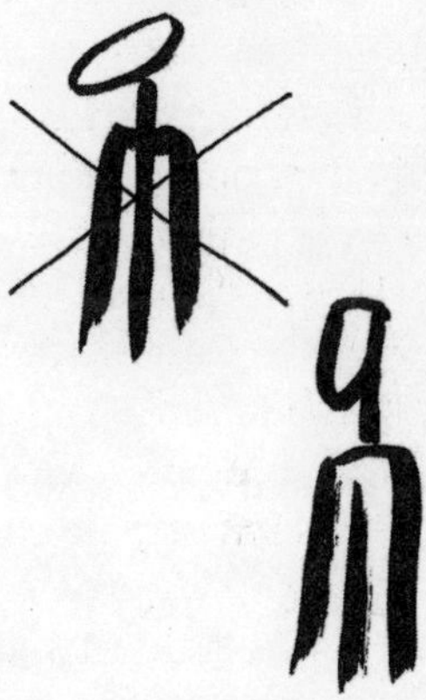

Bild 2

Bild 3

Bild 4

Würden die Pforten der Wahrnehmung gereinigt, erschiene den Menschen alles, wie es ist: unendlich.
William Blake

II. Die Wahrnehmungen entschleunigen Ich bin hier und das ist jetzt

Weit geöffnete Sinnestore lassen die Fülle des Daseins erlebbar werden. In Zeiten der Reizüberflutung sind jedoch Filter nötig, um falsche Wahrnehmungen bewusst durchschauen und verhindern zu können.

In Kapitel I haben wir unter »Geist« das Zusammenspiel von vier Dimensionen verstanden – Wahrnehmungen, emotionale und gedankliche Regungen und Bewusstsein. Diese Verbundenheit können wir in allen Geschehnissen unseres Lebensalltags erfahren, wobei sich der Schwerpunkt von Fall zu Fall verschieben mag. Ein Landwirt wird eine regnerische Wetterlage mit der Hoffnung auf eine bessere Ernte verknüpfen, eine Urlauberin wird sich dagegen nach einem sonnigen Tag sehnen. Ein gutes Essen wird alle Sinne beschäftigen und dazu anregen, die entstehenden Empfindungen zu genießen und auszudrücken. Wer einen Tisch oder einen Schrank betrachtet, stellt sofort Vergleiche (»größer und niedriger als …«) oder Wertungen (»hübsches Designer-Modell«) an oder erinnert sich an andere Möbelstücke (»fast wie bei der Oma«). Und ein Gespräch ist ohne eine gedankliche Sortierung der Worte nicht möglich; selbst wenn die Sachlichkeit überwiegt, sind Stimmungen vorhanden.

In jeder Beobachtung und Handlung steckt also ein gewisses Maß an Gefühl, Struktur und Bewusstheit. Jedes Gefühl beruht auf Wahrnehmungen und ist mit Überlegungen verknüpft. Denkstrukturen können sich nur durch Erfahrungen und deren Verarbeitung bilden. Ohne Sinneseindrücke und die Tätigkeit unserer Gedanken kann kein bewusstes Sein entstehen. Auf Grundlage dieses wechselseitigen Durchdrungenseins ergibt sich für uns die Möglichkeit, aus vier verschiedenen Richtungen in den eigenen Geist vorzudringen, was in diesem Buch vor allem mit Hilfe der Leitlinie »Entschleunigung« versucht wird. Deshalb soll jeder dieser vier Dimensionen ein eigenes Kapitel gewidmet werden.

Fünf Sinne stehen dem Menschen zur Verfügung: Sehen, Tasten, Hören, Riechen und Schmecken. Und wir können davon ausgehen, dass diese Sinnestore den Menschen vor 2000 Jahren genauso weit offen standen wie uns heute. Allerdings kennen wir, verglichen mit damals, erhebliche Unterschiede im Wahrnehmungsangebot. Wissenschaft und Technik, Mobilität und Bildung, Informationsmöglichkeiten und Wohnformen, Nahrungsvielfalt und Musikverbreitung haben sich seit der Römerzeit enorm weiterentwickelt. Vor allem aber hat sich die Art der Aufnahme von Sinneseindrücken verändert, z. B. durch Fotografie, Bücher oder das Telefon. Können wir auch nicht mehr klären, wie diese Wahrnehmungsformen unser Erleben im Vergleich zu dem der antiken Römer verändert haben, so können wir doch vermuten, dass die Römerinnen und Römer innerlich ruhiger gewesen sind. Und dennoch würden die meisten heutigen Menschen wohl kaum zu deren Zeit gelebt haben wollen, in der Hoffnung, ein glücklicheres Leben führen zu können.

Ähnliche Vergleiche lassen sich für die Neuzeit anstellen. Immer wieder wird behauptet, ein New Yorker würde doppelt so schnell durch die Straßen gehen wie eine Griechin durch ihr Heimatdorf. Aber nimmt ein New Yorker deshalb auch doppelt so viel wahr wie eine Griechin? Es ist wahrscheinlich, dass die Griechinnen in ihrem Dorf die Welt anders betrachten und aufnehmen als die Menschen in der Stadt New York. Selbst wenn die meisten Griechen durch ihren Kontakt mit dem Himmel, den Menschen, den Blumen und dem auch hier mittlerweile vorhandenen Internetanschluss quantitativ gleich viel durch die Sinnestore eindringen lassen, machen sie doch oft einen entspannteren und gelasseneren Eindruck. Jedenfalls hetzen und rennen sie nicht so. Eine Garantie für ein glückliches Leben gibt es aber auch in einem noch so ruhigen griechischen Dorf nicht. Es kann also durchaus sein, dass eine Griechin sich danach sehnt, das Gleiche wahrzunehmen wie eine New Yorkerin, und ein New Yorker mag vielleicht danach trachten, zu leben wie ein Grieche auf dem Land.

Bei einer »Entschleunigung der Wahrnehmung« kann es nicht darum gehen, die Sinnesöffnungen zu verkleinern oder sie womöglich zu schließen. Im Gegenteil: Diese Eingänge sind dazu da, dass sie in Betrieb sind und so viel wie möglich hereinlassen. Wer allerdings ständig alles einfach in sich fließen lässt, gleicht einer willenlos dahinvegetierenden, fremdbestimmten Kolonie. Am offensichtlichsten wird uns eine solche »Kolonisierung« in den Zeiträumen, die ein Mensch vor dem Fernsehgerät verbringt. Drei bis vier Stunden täglich soll dies in den westlichen Ländern sein. Bei einer Schlafzeit von acht Stunden umfasst dies bis zu 25 Prozent der Wachphase. Werden noch acht Stunden Arbeitszeit abgezogen, verbringt ein Mensch fast die Hälfte seiner freien Zeit vor dem Bildschirm (das Wochenende nicht mitgezählt). Ob das viel oder sogar zu viel ist, ist nicht entscheidend, solange es freiwillig getan wird. Zu viel wird es dann, wenn eine Person, die sich dieses Verhalten angewöhnt hat, darüber klagt, sie habe zu wenig Zeit für sich und all das, was ihr wirklich wichtig ist. Manchen dient die Mattscheibe als ständige Berieselung parallel zu anderen Tätigkeiten. Halb schauen sie hin, halb essen oder bügeln sie, machen Hausaufgaben, telefonieren oder lesen. Und es darf bezweifelt werden, dass diese Art der gleichzeitigen Wahrnehmung zu einem Gefühl der Ausgeglichenheit führt.

Viele behaupten, sie würden sich mit Hilfe dieses Mediums »runterbeamen« und sich so von den Anstrengungen des Tages erholen. Ohne diese Einschätzung bestreiten zu wollen, soll sie uns Anlass zur Frage sein, auf welche Weise ein Gefühl von Regeneration entstehen kann, wenn das Gehirn mit so viel Informationen, Bildern und Geschichten gefüttert wird.

Zwei Erklärungsmöglichkeiten seien genannt: Ablenkung und Sucht. Die Ablenkung beginnt eigentlich schon, wenn die Wahrnehmung auf den Bildschirm gerichtet wird und sich somit nicht mehr der eigenen Person und dem Geschehen im Raum widmen kann. Stattdessen dringen die aus einem entfernten Studio gesendeten Inhalte in die zuschauende Person ein, Botschaften, bestehend aus spannenden Handlungsabläufen, konstruierten Intrigen, inszeniertem Spaß oder emotional aufrüttelnden Darstellungen bestimmter Themen. Zuschauende beschäftigen sich mit erfundenen, »fiktiven« Menschen oder einer häufig überzogen interpretierten Realität.

Wer solcherart aufbereitete Ereignisse ständig aufnimmt, kennt die mediale »Zweitwelt« bald intensiver als die wirkliche Welt, und er nimmt das ausgedachte Leben mit der Zeit besser wahr als die Sorgen und Nöte daheim. Wer jahrelang die Sendereihe »Lindenstraße« sieht, durchschaut die dortigen Familiendramen oft genauer als die Verhältnisse im eigenen Wohnblock.

Sicher: Wer wird sich schon jeglicher Film-, Nachrichten-, Kultur-, Musik- und Natursendung enthalten oder die aufklärende und bildende Funktion der Medien bestreiten wollen! Doch was im Einzelfall durchaus begrüßenswert erscheint, gewinnt durch permanente Wiederholung eine unheilsame Dimension. Wer bis zu 50 Prozent seiner freien Lebenszeit auf diese Form des Kontakts zur Welt verlagert, sollte sich fragen, ob sich hinter der Ablenkung nicht auch eine Behinderung des eigenen Lebens verbirgt.

Eine Persönlichkeitsentwicklung kann während dieser Stunden nur eingeschränkt erfolgen. »Entwicklung durch Ablenkung« ist in dieser Form und Intensität jedenfalls ein Widerspruch in sich. Eine derartige Praxis entzieht den Fähigkeiten zu Selbstaktivität und Veränderung viel Zeit und Kraft und erschwert die eigene Entfaltung des Lebens. Stattdessen führt sie zu einer Verfestigung bisheriger Gewohnheiten.

Diese Gewöhnung betrifft nicht nur die während der Ablenkung vermittelten Inhalte, sondern gilt vor allem für die dabei praktizierte Wahrnehmung als solche. Die ständige Berieselung mit Nachrichten und Sensationen, mit Jux und Werbung, mit Fakten und Fiktionen macht süchtig nach einer solchen Art der Informationsaufnahme. Fehlen derlei Eskapaden einmal, wird dies als Entzug erlebt, verbunden mit der Befürchtung, das Leben zu verpassen.

Manche möchten ihren Hunger nach Daten (»Wie hat mein Lieblingsverein gespielt?«) und Zerstreuung (»Der Animateur im Hotel war ein echter Profi!«) sogar während ihres Urlaubs stillen. Für andere stellt sich auf einer langen und interessanten Reise heraus, dass ein Leben ohne Fernsehen, Radio und Zeitungen nicht nur äußerst beruhigend wirkt, sondern während dieser medienfreien Zeit im Grunde nichts Wesentliches verpasst wird. Und dennoch: Zu Hause angekommen stellen die meisten von ihnen innerhalb kurzer Zeit den alten Zustand wieder her. Spätestens jetzt sollte von Abhängigkeit, Sucht oder sogar Kolonialisierung gesprochen werden dürfen.

Der Fernsehkonsum ist nur ein eklatantes Beispiel für etliche vielerorts übliche Wahrnehmungsweisen mit Augen und Ohren. Alle Sinnestore werden mehr oder weniger freiwillig und manchmal gleichzeitig auf die unterschiedlichste Weise bedient. Die Konsumgesellschaft ermöglicht eine permanente Versorgung der Sinne mit Reizen, die viel zu oft zu einer Überfütterung führt. Sich eine von Musik begleitete zärtliche Massage in einem dufterfüllten Raum gönnen und dabei ein Stück Schokolade auf der Zunge zergehen lassen, während eine Tapete oder gar ein Bildschirm an der Wand einen Strand mit Palmen zeigt – das klingt perfekt, ist jedoch auch ein ständiges Springen von einem Reiz zum anderen, das oberflächlich bleibt und die Flatterhaftigkeit des Geistes fördert. Deshalb sollte, wer sich entschleunigen und innerlich beruhigen möchte, nicht nur die Menge der Wahrnehmungen und die Geschwindigkeit ihrer Aufnahme betrachten, sondern auch die Wege und Wirkungen ihres Eindringens.

Tipps, mit den immens vielen Anregungen für die Sinne umzugehen, gibt es wie Sand am Meer. Ratgeber zu den Themen Stress, Entspannung und Lebenshilfe sind voll davon. Einige der Hinweise beruhen auf der Überlegung, sich immer nur mit einer Sache zur gleichen Zeit zu beschäftigen. So sollte beispielsweise beim Essen wenig geredet, beim Autofahren nicht telefoniert und beim Wandern keine Musik gehört werden. Japanische Zen-Meister haben sogar den Satz geprägt: »Wenn du isst, dann solltest du nur essen; wenn du abwäschst, solltest du nur abwaschen; wenn du die Toilette putzt, solltest du dich dieser Tätigkeit voll und ganz widmen.« Es darf allerdings bezweifelt werden, dass dieser Rat im schnelllebigen Japan der Neuzeit von vielen Menschen beherzigt wird.

Auch die psychoenergetische Forschung hat sich diesem Thema gewidmet und nachgewiesen, dass viel Kraft verloren geht, wenn sich die Konzentration verteilt. Der gestreckte Arm einer Person 1 kann von Person 2 kaum bewegt werden. Sobald jedoch Person 1 an einem Stück Kandiszucker lutscht, hat Person 2 leichtes Spiel. Auf das ebenfalls der psychologischen Forschung entstammende Phänomen des »flow«, das den Zusammenhang von Begeisterung, Konzentration und Tun beschreibt, wird im Kapitel V noch näher eingegangen.

Sich auf eine einzige Wahrnehmung zu konzentrieren, scheint ein Schritt in die richtige Richtung. Wer sich überlastet und getrieben fühlt, sollte diesem Vorschlag folgen. Allerdings enthält der Tagesablauf im Allgemeinen viele Situationen, die es kaum oder gar nicht gestatten, dies umzusetzen; zahlreiche Berufsfelder, der Familienalltag und so manches Hobby drängen gerade in eine entgegengesetzte Richtung. Und selbst wenn die Rahmenbedingungen günstig sind, ist es oft nur selten möglich, eine derartige Einsicht sofort und problemlos im Alltag umzusetzen, denn die Sinne sind das Hin- und Herspringen und das Nicht-konzentriert-Sein gewohnt.

Und doch bieten sich zumindest zwei Wege an, diesem Dilemma zu entkommen. Zunächst: Das Vorhaben, sich möglichst immer nur einer einzigen Wahrnehmung zu widmen, darf nur als Orientierung dienen. Wer sich ständig an diesem Ziel misst, steigert den Erwartungsdruck auf sich selbst – und damit eher die Geschwindigkeit der Sinneseindrücke und der Gedankentätigkeit. Neben dem Gefühl der Gelassenheit geht bald auch jegliche Motivation verloren. Dagegen führt ein bewusster Umgang mit den eigenen Wahrnehmungen durch Übung, Geduld und Vertrauen mit der Zeit wie von selbst zu einer besseren Konzentration.

Daneben sollten »Schonräume« gefunden werden, die relativ frei von Hektik und Fremdbestimmung sind. Mit ihnen lassen sich neue Verhaltensweisen erproben und festigen, bevor sie ins normale Leben eingebracht werden.

»Schonräume« können schon kleine Übungen sein, die zu einem kurzen geistigen Heraustreten aus der angespannten Situation führen und sich unter Umständen sogar unsichtbar für andere fast überall praktizieren lassen.

Ob morgens im Bett, auf dem Stuhl im Büro oder im Auto vor der roten Ampel: Eine kleine Wahrnehmungsreise durch den eigenen Körper kann die von außen einströmende Informationsflut unterbrechen. Beginnend an den Füßen über die Knie und den Hüftbereich kann die Aufmerksamkeit über Bauch und Rücken langsam und schrittweise zu den Schultern, Armen und Händen gelenkt werden. In einem weiteren Schritt bietet sich eine Überprüfung des Zustands der Ohren und Augen, des Mundes und der Nase sowie der Haut an. Wer sich dabei für einen kleinen Moment zulächelt, gewinnt ein wenig Abstand zum ursprünglichen und eventuell eher unangenehmen Geschehen und mit der Zeit vielleicht genügend Kraft, um sich den Ursachen der Unruhe direkt zuzuwenden.

Die meisten Menschen glauben eine Menge solcher »Schonräume« zu kennen. Doch viele dieser vermeintlichen Ruhepole gleichen eher Unruhepolen bzw. Fluchtpunkten. Und sie sind nicht gerade geeignet, für eine Konzentration der Wahrnehmung oder eine innere Ausgeglichenheit zu sorgen. Erwähnt wurden schon Zigaretten- und Kaffeepausen, Ablenkungen mit Hilfe von Medien und Besuche in Fitness-Zentren. Entweder wird auf diese Weise die Geschwindigkeit der Wahrnehmungen lediglich erträglicher gemacht oder sie wird weiter erhöht.

Neben den schon erwähnten Praktiken Taijiquan, Yoga und Qigong gibt es jedoch viele Methoden, die helfen, die Wahrnehmung ein wenig zu entschleunigen und neu auszurichten. Drei meiner Lieblingsübungen möchte ich kurz vorstellen. Die einfachste besteht darin, dass ich in unserer Wohnung für das Blumengießen zuständig bin. Für diese Tätigkeit nehme ich mir oft extra viel Zeit, die ich für eine intensive Betrachtung und Pflege der Pflanzen nutze. Auf diese Weise habe ich wie nebenbei sogar gelernt, diese Blumen richtig zu mögen.

Sowohl in unserer Wohnung als auch im Stadtgebiet gibt es einige Strecken, die ich bewusst langsamer gehend bewältige. Das gilt für die Treppen zum Dachboden und in den Keller ebenso wie für den Gang mit der Gießkanne von einer Zimmerpflanze zur nächsten. In der Fußgängerzone gibt es einige Strecken, wo ich unauffällig an den Schaufenstern entlangschlendere, ohne wirklich hineinzuschauen. Stattdessen spüre ich meine Füße und die Bewegung meiner Arme. In einem Waldgebiet auf dem Weg in die Stadt steige ich entweder vom Fahrrad und laufe, oder ich stelle – wenn ich doch nicht so viel Zeit habe – die Gangschaltung auf eine höhere Stufe, um weniger und damit bedächtigere Pedaldrehungen vollziehen zu können. So gewinne ich Zeit und Konzentration, um tiefer zu atmen und mich an den Farben der Blätter und Äste und der Frische der Luft zu erfreuen.

Wenn es mich im Sommer zum Wandern in die Berge zieht, plane ich nach Möglichkeit einen Ausflug zu »meinem Lieblingsgletscher« ein. Zwei Nächte verbringe ich entweder draußen oder in einer nahen Hütte. Während des Tages liege ich ein wenig versteckt zwischen einigen Felsen auf einer Blumenwiese und habe nichts anderes im Blick als die nahe Zunge des Gletschers und das weiter oben erkennbare Firnfeld. Viele Stunden verbringe ich hier, ohne viel mehr zu tun als zu warten. Wenn ich Glück habe, macht sich der Gletscher mit einigen überraschenden Geräuschen bemerkbar. Vielleicht platscht plötzlich eine kleine Schneefläche vom Gletscherrand in den darunter liegenden See; manchmal reißt ohne Vorankündigung im oberen Eisfeld mit einem urtümlichen Geräusch eine kleine Spalte auf; und ganz selten donnert ein großer Brocken Eis mit lautem Getöse auf die Gletscherzunge und schabt einen hellen Streifen in die ansonsten vom mitgeführten Schiefer schwarz gefärbte Oberfläche der Gletscherzunge. Dieser Tag ist eine Wohltat für alle meine Sinne und auch für meinen Geist, der sich vorrangig mit dem so genannten »Hängemattenproblem« beschäftigt: Lege ich nun das linke auf das rechte Bein oder doch lieber das rechte auf das linke?

Wer wirklich versuchen möchte, die Sinne durch Entschleunigung neu auszurichten und zu pflegen, wird selbst kreativ genug sein, um im Tagesablauf eigene kleine Übungsmöglichkeiten zu finden und zu erproben. Dabei kann es motivierend sein, sich die strategische Richtung dieser Bemühungen immer wieder vor Augen zu führen.

Wie schon betont: Das Ziel von entschleunigenden Übungen besteht nicht so sehr in der Verlangsamung, sondern vorrangig in der bewusst werdenden Eigenaktivität. Zu fragen ist also, wo und wann dieses Agieren stattfindet. Die Antwort ist klar: Alle Handlungen geschehen ausschließlich in der Gegenwart. Die Praxis der Entschleunigung sollte dementsprechend helfen, die eigene Anwesenheit zu verdeutlichen und die Wertschätzung des gegenwärtigen Augenblicks zu erhöhen.

Manchem mag der Hinweis, dass sich das Leben immerzu und vollständig in der Gegenwart abspielt, etwas banal erscheinen. Doch vor allem in der Schule und im Beruf wird heute das Leben von Vorgaben und Rahmenbedingungen überlagert, die mit der Gegenwart wenig zu tun haben. Im Gegenteil: Sie lenken von ihr ab oder belasten sie durch Überforderung, mangelnde Identifikation oder Fehlleitungen. Diese Fremdbestimmung ergibt sich aus Notwendigkeiten und Sachzwängen wie Schulpflicht und Existenzsicherung. Und es ist unmöglich, diese äußeren Gegebenheiten einfach abzustellen oder zu beseitigen. Veränderbar ist jedoch der geistige Umgang mit dieser Wirklichkeit. Zu so einer Transformation ist prinzipiell jeder Mensch jederzeit in der Lage. Und dabei spielt die eigene Wahrnehmung eine entscheidende Rolle.

Alle bisher vorgestellten Übungsvorschläge, angefangen von der Bewegungsreihe »Acht mal acht« über das langsame Treppensteigen und liebevolle Blumengießen, bis zum Drücken des Ausschalters am Fernsehgerät dienen dem Ziel, den gewohnten Aktivitätsstrom bewusst zu unterbrechen. Auf diese Weise ergibt sich eine Art Anhalten, das dazu beiträgt, besser wahrzunehmen, was gerade passiert. Dieses Training hilft, sich angesichts einer überwältigenden Flut von Reizen auf sich selbst zu besinnen und sich immer wieder zu bestätigen: »Ich bin hier, in diesem Augenblick. Mein Leben findet hier und nur in diesem Moment statt, zu keiner anderen Zeit und an keinem anderen Ort. Die Lebenszeit ist jetzt.«

Wem diese Orientierung wichtig wird, wer eine wache Anwesenheit als wertvoll erachtet und wer seine Präsenz aktiv pflegen möchte, der wird zu einer ständigen Wiederholung und innerlichen Festigung dieser Tatsache bereit sein. Die Wahrnehmung wird dabei zum wichtigsten Hilfsmittel. Sie ist nicht nur eine stets vorhandene, abrufbare Fähigkeit, sondern sie findet ständig in der Gegenwart ihre Anwendung. Die Wahrnehmung an sich kann nicht abschweifen. Zwar lässt sie sich täuschen und überfüttern, aber sie kann sich nicht aus dem gegenwärtigen Moment entfernen. Die fünf Sinne sind immer mit dem beschäftigt, was hier und jetzt passiert. Selbst unsere Gefühle und Gedanken bewegen sich immerzu in der Gegenwart, auch wenn wir uns an gestern erinnern, von einem anderen Ort träumen oder den morgigen Tag planen.

Um Täuschung und Überfütterung zu verhindern, dürfen die Sinnestore nicht unbewacht gelassen werden. Wer alles, was draußen los ist, einfach unreflektiert und unkontrolliert in sich eindringen lässt, wird zu einer lenkbaren Kolonie, die ohne eigene Eingriffe alles, was in sie eindringt, identitätslos konsumiert. Sich selbst entschleunigen, wach werden, achtsam agieren und ehrlich zu sich sein – das sind vier wirksame Filter, die viele falsche und überzogene Wahrnehmungen verhindern.

Die meisten Menschen brauchen einen Auslöser, um spezielle »Wächter« zu installieren, die solche Filter in Betrieb setzen und beaufsichtigen. Bei einem Freund von mir geschah dies während der Kriegshandlungen im ehemaligen Jugoslawien. Obwohl von Grund auf Pazifist, regte er sich nicht so sehr über den Krieg an sich auf, sondern über die Art und Weise der Berichterstattung. Zwar wollte er sich gern über alles informieren, was in diesem zerrissenen Land geschah. Und sogar für die Gräueltaten interessierte er sich. Aber vielen Medien geriet die Schilderung der schlimmsten Untaten zu einem eigenen Schlachtfeld, auf dem sie sich gegenseitig zu übertrumpfen suchten. Mein Freund, der dies als eine Art »Vergiftung seines Geistes« empfand, weigerte sich ab einem bestimmten Zeitpunkt, diese Beschreibungen weiter in sich eindringen zu lassen. Mittlerweile lebt er aus eigener Überzeugung ohne Fernseher und liest nur sporadisch ausgewählte Zeitungen. Gerade deswegen fühlt er sich heute besser, weil präziser und ausgewogener informiert als damals.

Ein ähnliches Verhalten entwickeln derzeit immer mehr Menschen in Bezug auf Werbung. Viele Briefkästen sind mit dem Hinweis »Bitte keine Prospekte einwerfen« beklebt. Das Werbeprogramm im Fernsehen wegzublenden gilt mittlerweile als Standard – einige basteln schon an elektronischen Geräten, die dies automatisch erledigen. Und es gibt sogar Konsumentinnen und Konsumenten, die lieber in kleinen Geschäften einkaufen, um so nicht mit der übergroßen Auswahl konfrontiert zu werden, welche den angeblichen Vorteil eines großen Ladens ausmacht.

Selbstverständlich möchten die Menschen mit allen Sinnen alles wahrnehmen, was in der Welt geschieht. Genauso wichtig aber ist es, sich vor zu vielen und vor unheilsamen Eindrücken zu schützen. Wer nun allerdings nach dem Motto »Seh ich was Schlimmes, denk ich mich weg« vorgeht, konstruiert sich eine eigene Falschwahrnehmung. Sie hat die gleiche Wirkung wie eine fremdbestimmte Fehlleitung. Auch sie wird den Geist beunruhigen, weil dieser auf einer tieferen oder unbewussten Ebene eine gesunde Ahnung von dem hat, was wahr und was unwahr ist.

Ein bewussterer Umgang mit der eigenen Wahrnehmung erschafft ein immer wirklichkeitsgetreueres und ehrlicheres Bild von der Welt und dem Leben in ihr. Als besonders hilfreich erweisen sich dabei Übungen, die zu einer Entschleunigung beitragen, denn diese führt in die Präsenz. Hier – und nur hier – findet Leben statt.

Acht mal acht entschleunigte Bewegungen

Das Universum grüßen

Du stehst weiter schulterbreit. Die Innenflächen der Hände zeigen zu den Oberschenkeln.

Mit dem Einatmen werden die Hände zur Seite in einem Halbkreis nach oben geführt. Sie kommen vor dem Körper etwas über Kopfhöhe zur Ruhe. Die Arme sind bogenförmig gerundet. Die Handinnenflächen zeigen nach außen und die Fingerspitzen zueinander, ohne sich zu berühren. Du darfst den Kopf etwas heben und die Handrücken anschauen. Achte darauf, dass du die Knie nicht durchgestreckt und kein Hohlkreuz gebildet hast. (Bild 1)

Während des Ausatmens werden die Arme wieder zur Seite ausgebreitet und nach unten geführt, bis sie locker neben dem Körper hängen. (Bild 2) Bitte sieben Mal wiederholen.

Deine Aufmerksamkeit folgt der Bewegung und der Atmung. Mit der Zeit richtet sich deine Wahrnehmung auf das Körperzentrum. Du darfst dir in deiner Vorstellung die Arme bis »in die Unendlichkeit« verlängern und mit ihnen das Universum grüßen.

Bild 1

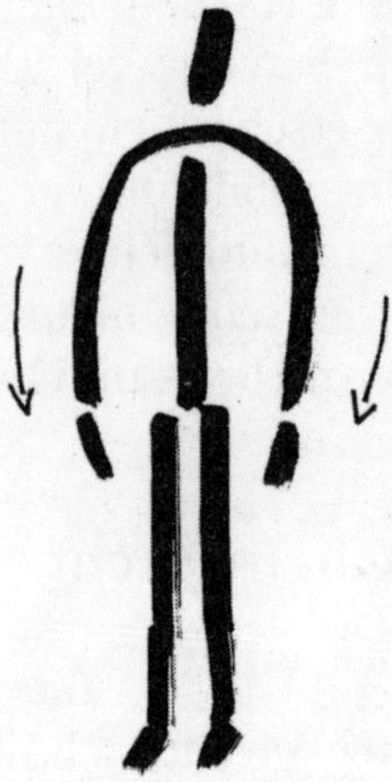

Bild 2

Es gibt zwei Arten zu leben:
entweder, als wäre nichts ein Wunder,
oder so, als wäre alles ein Wunder.
Ich glaube an Letzteres.
Albert Einstein

III. Die Gefühle entschleunigen
Den inneren Tiger zähmen

Gefühle führen oft zu Handlungen, die unangenehme Folgen nach sich ziehen. Gefühle haben jedoch Ursachen. Wer diesen Ursachen auf die Spur kommt, entwickelt gleichzeitig Verständnis für die Gefühle und erhöht die Chance, andersartig auf sie zu reagieren und sie dadurch zu verwandeln.

Manche werden sich fragen: »Gefühle entschleunigen – was ist damit gemeint? Geht das überhaupt?« So wie eine Wahrnehmung erst einmal eine Wahrnehmung und als solche anzunehmen ist, so ist jedes Gefühl zunächst ein Gefühl und als solches zu akzeptieren. Handhabbar – gerade auch unter dem Einfluss einer Entschleunigung – sind jedoch die Wirkungen von Gefühlen und vor allem der Umgang mit ihnen.

Voraussetzung dafür ist es allerdings, die Empfindungen zu kennen. Weswegen davon abzuraten ist, aufgestiegene Emotionen wieder herunterzuschlucken. Auf der anderen Seite ist es aber auch nicht sinnvoll und gesund, sie einfach hochkommen und sich austoben zu lassen. Wer dies tut, wird sich bald als Opfer fühlen; als ein Wesen, das von seinen Emotionen beherrscht wird.

Es kommt also darauf an, einen mittleren Weg zu entdecken und zu beschreiten. Dieser lässt sich wohl allgenein beschreiben und mit konkreten Hinweisen erläutern, in der Praxis ist er jedoch nicht immer leicht umzusetzen. Der Mittelweg besteht in der möglichst vollständigen Bewusstmachung, zumindest aber der Identifizierung von Gefühlen, um sie verstehen zu lernen und sie auf Grundlage dieser Einsicht zu beobachten und sie gegebenenfalls zu kontrollieren.

Der für manche vielleicht etwas provozierend klingende Ausdruck »Kontrolle« ist nicht im Sinne von Unterdrückung und Manipulation gemeint. Vielmehr soll den Emotionen auf achtsame Weise die unheilsame Wirkung genommen und die heilsame gestärkt werden. Ein bewussterer Umgang mit den eigenen Gefühlen führt daher auch zu einem umfassenderen Genießen des Lebens. Diese Zielrichtung ergibt sich aus der Annahme, dass alle Menschen glücklich sein möchten; ein Glück, das sie nur erleben, wenn sie es bemerken und empfinden.

Viele Menschen sind mit der Art und Weise, wie sie mit ihren Emotionen umgehen bzw. wie ihre Emotionen mit ihnen, nicht zufrieden. Oft spüren sie ihre Gefühle sehr deutlich, können sich jedoch nicht offen auf sie einlassen, sondern werden von ihnen überrollt. Sie leiden unter ihnen, weil sie es nicht schaffen, sich in einem wachen und ehrlichen Prozess mit ihnen anzufreunden. Stattdessen geraten sie in einen verwirrenden Kampf mit ihnen, der das Unwohlsein weiter steigert.

Diese Widersprüchlichkeiten sind seit langem bekannt und Thema vieler Wissenschaftszweige und Forschungsgebiete sowie eines ständig wachsenden Therapieangebotes. Die gesamte Psychologie ist damit beschäftigt, und für alle therapeutischen Methoden ist die Gefühlssituation der Klientinnen und Klienten ein zentraler Bereich ihrer Arbeit.

Inwieweit kann die Entschleunigung zu einem glücklicheren Umgang mit den eigenen Gefühlen führen? Der

Schwerpunkt soll auf zwei Aspekte gelegt werden: auf den Moment der Bewusstwerdung von Gefühlen und auf den Moment des Reagierens. Entschleunigung kann dazu beitragen, dass diese beiden Zeitpunkte nicht zu oft zusammenfallen. Hierdurch wird vor allem die Gewohnheit, spontan zu sein, in Frage gestellt – eine Lebenshaltung, die heutzutage als äußerst erstrebenswert erachtet wird. Aus dem Augenblick heraus entstehendes, scheinbar unwillkürliches Handeln zeigt nämlich auf den ersten Blick so etwas Schönes wie die Freiheit, ohne große Überlegungen und Pläne genau das zu tun, was Spaß macht.

An dieser Haltung ist so lange nichts auszusetzen, wie sie sich befriedigend anfühlt und anderen Menschen und der Mitwelt keinen Schaden zufügt. Abzulehnen ist unreflektiert-spontanes Handeln dann, wenn es rücksichtslos ist und Leid bewirkt.

Es gibt unzählige Tipps und Methoden, die hier ansetzen. Die meisten versuchen, eine Art Ablenkung zwischen dem Reiz und der Reaktion einzubauen. Am bekanntesten ist die Empfehlung: »Einmal tief durchatmen«. Beliebt ist immer noch der Rat: »Erst mal eine rauchen«. Bei schweren Vorfällen heißt es: »Einmal um den Block gehen« oder »Eine Nacht drüber schlafen«. All diese Ratschläge beinhalten schon ein wenig Entschleunigung.

Seltener wird dagegen besprochen, was in dieser Ablenkungs- und Beruhigungsphase tatsächlich passiert, obwohl Klarheit über diese Prozesse besonders motivierend wirkt. Hier können Überlegungen und Erfahrungsberichte aus nicht-westlichen Kulturkreisen sehr hilfreich sein. So haben sich die asiatischen Kulturen seit Jahrtausenden intensiv mit dem Umgang mit Emotionen und dem Weg zum inneren Frieden befasst. Vor allem eine Erläuterung dessen, was im Allgemeinen mit »Meditation« gemeint ist, erklärt die einzelnen Schritte auf anschauliche und praktikable Weise.

Normalerweise werden unter dem Begriff Meditation alle Methoden zusammengefasst, die das Ziel haben, den Geist des Menschen zu beruhigen und ihm zu mehr Klarheit zu verhelfen. Dieses Vorgehen lässt sich gut veranschaulichen mit einem aufgewühlten Gewässer, dessen Grund nur sichtbar wird, wenn die Oberfläche still ist und die Verunreinigungen sich am Boden abgesetzt haben.

Der Weg zu diesem Zustand wird in zwei zusammenhängende Stufen aufgeteilt, nämlich anhalten und hinschauen, entschleunigen und spüren. Die entsprechenden indischen Begriffe »samatha« und »vipassana« scheinen dies zunächst etwas enger zu fassen, wenn sie mit »ruhiges Verweilen« und »tief schauen« bzw. »besondere Einsicht« übersetzt werden. Sie weisen jedoch deutlich darauf hin, dass Meditation auf Dauer nicht oberflächlich bleibt.

Eine ständige Praxis der Beobachtung – vor allem auch der Selbstbeobachtung – wird allmählich immer tiefere Ebenen ausleuchten und sich Schritt für Schritt den Kernproblemen nähern, die jedem Menschen innewohnen. Dazu gehört die Suche nach dem Sinn der Existenz ebenso wie die nach einer Antwort auf die Frage: »Wer bin ich?« Dass sich diese Thematiken nicht in einem Zustand körperlicher, gefühlsmäßiger und geistiger Unruhe behandeln lassen, dürfte offensichtlich sein.

Ähnlich wie Yoga, Taijiquan oder Zazen (stilles Sitzen) enthält auch die Methode »Acht mal acht« eine solche meditative Dimension. Mit den hier geübten langsamen und konzentrierten Bewegungen wird eine Unterbrechung des gewohnten Tagesablaufs erreicht, die eine genauere Wahrnehmung und ein Erspüren dessen ermöglicht, was gerade geschieht. Ein meditativ geprägtes Hinschauen kann auf diese Weise durchaus gelernt werden, findet hier aber noch in einem »Schonraum« statt. Nicht versäumt werden darf also die Übertragung dieser Haltung in den Alltag, denn dort liegt das Feld der Bewährung, liegt das »wirkliche« Leben.

Seit über zehn Jahren bin ich Vorsitzender eines über 60 Mitglieder umfassenden gemeinnützigen Vereins, der sich dem Ziel »Achtsamkeit« verpflichtet hat. Eines der häufigsten Gesprächsthemen unserer wöchentlichen Meditationstreffen lautet: »Wie gehe ich achtsam mit Ärger und Wut um?« Ohne den auch nicht gerade einfachen Umgang mit Gefühlen wie Liebe, Freude, Neid oder Eifersucht abzuwerten, kann die Bewältigung von Ärger als ein Paradebeispiel für den Umgang mit Gefühlen gelten.

Meistens einigen wir uns auf folgende Vorgehensweise:

1. Wenn Ärger entsteht, sollte nicht sofort darauf reagiert werden. Wer dazu nicht in der Lage ist, sollte sich in Verzögerungstaktiken einüben. Um sich dafür zu motivieren, können sogar nicht gerade sanft zu nennende Selbsteinschätzungen erlaubt sein wie: »Ich bin meinem Ärger gegenüber machtlos. Ich bin eine Reiz-Reaktions-Maschine. Ich bin ein Sklave meiner Gefühle. Der Tiger in mir ist erwacht.« Wie auch immer die Motivation zustande kommt – sicher ist: Wer einen Atemzug lang warten kann bis zum Reagieren, hat schon viel Zeit gewonnen; vielleicht genug, um einige der Punkte zwei bis sechs zu bedenken.

2. Auf keinen Fall sollte der Ärger abgelehnt oder ständig unterdrückt werden, denn dann besteht keine Hoffnung, ihn zu verstehen oder gar zu überwinden. Im Gegenteil. Er verstärkt sich dadurch noch, weil er nun auch von der Angst vor dem Ärger und allmählich sogar vom Hass auf ihn begleitet wird. Es mag vielleicht zu viel verlangt sein, den Ärger zu mögen, aber er verlangt nach Aufmerksamkeit. Ohne sie wird er sich niemals verwandeln lassen.

3. Der Ärger sollte also eingekreist, identifiziert und vor allem auch benannt werden. Einem diffusen, unkenntlichen

Gefühl ist kaum beizukommen. Hier ist eine manchmal blitzschnelle Aufmerksamkeit gefragt. Es gilt, dem ersten Gedanken, der nach einem Reiz entsteht, auf die Spur zu kommen. Diese allererste spontane Assoziation offenbart oft die Ursache des Ärgers, z. B. Neid, Angst oder ein verletztes Ego. Manchmal führt die Entdeckung der Ursache zu einem sofortigen Verschwinden des Ärgers.

4. Hilfreich kann auch eine bildliche Betrachtung sein. Der Ärger ist dann wie ein wilder Tiger, der sich im Dschungel des eigenen Geistes versteckt. Ihn zu suchen und zu zähmen ist eine Daueraufgabe, denn einsperren ist keine Lösung. Auch wenn er ständig zurück in den Dschungel getrieben wird, bleibt er wild, wird sich verstecken und weiterhin aus dem Hinterhalt angreifen. Wenn er also auftaucht, ist es wichtig, herauszufinden, wo er herkommt und was er vorhat. Auf diese Weise wird er einschätz- und handhabbar, im günstigsten Fall sogar handzahm. Da der Tiger jedoch nie verschwinden wird, sollte er wie ein Freund behandelt, also nie vergessen werden. Günstig ist es natürlich auch, den Dschungel zu pflegen und eine Plantage aus ihm zu machen nach dem Motto: Wenig Dschungel, kaum Verstecke für den Tiger, selten überraschende Attacken.

5. Ob bewusst oder unbewusst: Aufsteigender Ärger führt auf jeden Fall zum Handeln. Die von den meisten Menschen verinnerlichte Gewohnheit besteht darin, sich unmittelbar der Quelle des Ärgers zu widmen, die so gut wie immer außerhalb vermutet wird. Eine von meditativen Erfahrungen geprägte Herangehensweise wird demgegenüber versuchen, zumindest für einen kurzen Zeitraum auch sich selbst als Beteiligten anzusehen. Im günstigsten Fall erfolgt dann eine Reaktion erst, wenn der Ärger keine bestimmende Rolle mehr übernimmt, sondern Einfühlungs-

vermögen und Geschmeidigkeit ihn begleiten oder überlagern. Reaktionsverzögerung (= Entschleunigung) und Verständnisbereitschaft (= genaues Hinschauen) können sogar zu einer Umwandlung des Ärgers in Richtung Mitgefühl und Hilfsbereitschaft führen. Weil dieses Vorgehen jedoch einen idealtypischen Charakter hat, dem die Alltagsrealität und vor allem die Energie der Gewohnheiten entgegenwirken, darf Punkt

6. nicht vergessen werden: Die Gelassenheit. Diese darf aber weder mit Bequemlichkeit noch mit Resignation verwechselt werden. Der Umgang mit den eigenen Gefühlen ist entwicklungsfähig, und jede betroffene Person handelt auf der Grundlage ihrer augenblicklichen Möglichkeiten und Überzeugungen. Es besteht jederzeit die Chance, aus Fehlern zu lernen, etwas Neues zu probieren und sich anders zu verhalten. Aus diesem Grund enthält das hier beschriebene Vorgehen keineswegs die Tendenz, sich alles gefallen lassen zu müssen, denn das Leben ist nicht nur viel zu wertvoll, sondern auch zu dynamisch, um es ständig mit dem gleichen Ärger zu verbringen.

Es gibt eine Menge anderer unangenehmer Emotionen, die auf ähnliche Weise bearbeitet werden können. Am Beispiel »Ärger« lässt sich zeigen, wie hilfreich ein Vorgehen ist, das entschleunigende Elemente enthält. Ob Sorgen oder Verzweiflung, Hass oder Eifersucht, Gier oder Missgunst – all diesen Gefühlen ist nur beizukommen, wenn sie wahrgenommen und möglichst in Ruhe angeschaut werden, bevor sie sich »austoben«. Schlecht beraten ist, wer auf Gefühlswallungen ohne jegliche Überlegung sofort reagiert. Wer keine Möglichkeit findet, sich zu bremsen, steigert die negative Energie dieser inneren Prozesse.

Doch wie verhält es sich mit den angenehmen Gefühlen? Einigermaßen normal entwickelte Menschen verspüren kaum den Wunsch, Freude, Spaß, Glück, Zufriedenheit oder Liebe zu unterdrücken oder zu verhindern. All diese Empfindungen verdienen es, bemerkt und gepflegt zu werden. Bei dieser Pflege sollten jedoch die obigen sechs Punkte ebenfalls angewendet werden. Denn nicht selten stellt sich bei den tollen Gefühlen heraus, dass sie nur scheinbar heilsam sind und sich unter ihrer Oberfläche viel Unheilsames verbirgt.

Vor allem die Liebe ist ein Beispiel für diese Abgründigkeit. Einerseits kann Liebe sehr schnell in Hass umschlagen. Andererseits wird das Gefühl von Liebe oft mit dem eigenen »Ego« verbunden und kann auf diese Weise leicht zu Besitzanspruch, Abhängigkeit und Unterdrückung führen und viel Leid verursachen. So sollte auch dieses Gefühl immer wieder aus einem gewissen Abstand heraus betrachtet und wenn irgend möglich von den Betroffenen thematisiert werden.

Liebende haben die Aufgabe, sich ständig daran zu erinnern, dass Liebe auf Fähigkeiten wie Verständnis, Unterstützung und Freundlichkeit aufbaut. Eine gemeinsame Besprechung dieser Eigenschaften führt in der Regel dazu, das Gefühl der Liebe mit offenen Sinnen zu stärken und von negativen Energien zu befreien. Meine Frau und ich haben uns beispielsweise angewöhnt, regelmäßig eine kleine meditativ geprägte »Hochzeits-Zeremonie« durchzuführen. Die prägnanteste Aussage unseres ruhigen Austausches besteht dabei in dem Satz: »Wir sind uns bewusst, dass Verstehen die eigentliche Grundlage der Liebe ist.«

Nicht vergessen werden sollte auch eine dritte Art von Empfindungen. Neben den schlechten und den guten gibt es nämlich noch die so genannten neutralen Gefühle, die scheinbar keine große Rolle spielen, da sie sich nicht so deutlich bemerkbar machen. Auf manche Menschen wirken sie sogar ambivalent, weil ihnen nicht klar ist, wo sie hingehören und welchen Wert sie eigentlich haben. Dennoch machen die neutralen Gefühle bei fast allen Menschen den größten Anteil aus. Wenn sie mit dem obigen Sechs-Punkte-Programm behandelt werden, lassen sich viele von ihnen in angenehme Gefühle verwandeln.

Viele der scheinbar neutralen Gefühle sind erst durch Gewöhnung dazu geworden. Sie waren ursprünglich oftmals angenehm, sind aber durch ständige Wiederholung quasi selbstverständlich geworden, irgendwie »weggerutscht« und allmählich in Vergessenheit geraten. So wird vielfach erst im Krankheitsfall der Wert der eigenen Gesundheit wieder positiv gewürdigt. Jeden Tag besteht die Möglichkeit, sich über das tadellose Funktionieren der fünf Sinnesorgane zu freuen. Jeder Atemzug kann mit einem Wohlgefühl verbunden werden. Und spätestens wenn die Anwesenheit des Lebenspartners bzw. der Lebenspartnerin zu einer Selbstverständlichkeit zu werden droht, ist es Zeit für ein Innehalten und eine ausgiebige liebevolle Wertschätzung.

Um einen kreativen Umgang mit der eigenen Gefühlswelt zu erreichen, sind alle nichtschädigenden Tricks erlaubt. Das kann ein bewusstes Lächeln in einer eher traurigen Situation ebenso sein wie ein Anti-Aggressions-Training, das mittlerweile in vielen Justizvollzugsanstalten Einzug gehalten hat und dort Menschen hilft, ihr gewalttätiges Potential zu erkennen und unter fachlicher Begleitung anders einzusetzen. Eine aufmunternde Bemerkung bei einer anstrengenden Tätigkeit wirkt in der Regel sehr erleichternd und kraftspendend. Diese Wirkung kann sich jedoch auch ergeben, wenn zu einem günstigen Zeitpunkt eine möglichst von unheilsamen Energien befreite Beschwerde die Unzumutbarkeit eines Arbeitsauftrags verdeutlicht.

Mit etwas Fantasie wird jeder und jede unzählige Möglichkeiten finden, sich im Umgang mit den eigenen Gefühlen zu schulen. Ein gewisses Maß an Selbstbeobachtung und eine gewisse Steuerung sind jedoch nötig. So mag ein regelmäßiges Schießtraining zwar helfen, Aggressionen abzubauen, aber wer sich diesem Training allein wegen des Schießens hingibt, wird kaum so etwas wie inneren Friedens in sich entfalten. Japanisches Bogenschießen ist für diesen Zweck schon besser geeignet. Hier steht eine langsame und konzentrierte innere Vorbereitung, also der Geist des Schützen oder der Schützin, bewusst im Mittelpunkt und weder Ziel noch Treffer sind wichtig.

Eine von mir sehr gern praktizierte Methode, schlechte Energien loszuwerden, ist eine lange Tageswanderung, möglichst in einer abgelegenen Landschaft, am liebsten im hellen Sonnenschein. Am erfolgreichsten ist die Wirkung jedoch bei bedrohlich erscheinendem, eher windigem, kühlem und regnerischem Wetter. Einerseits hilft mir die körperliche und psychische Anstrengung, mich abzureagieren und ein wenig zu erschöpfen. Andererseits versuche ich zu beobachten, was in mir vorgeht, indem ich mir Notizen mache, die ich am Ende der Wanderung zusammenfasse. Sie helfen mir später, mich an diese Stimmung zu erinnern und längerfristigen Gefühls- und Gewohnheitsveränderungen auf die Spur zu kommen. Ein interessanter Nebeneffekt dieser oft zehnstündigen Aufenthalte in der Natur besteht darin, dass oftmals neue Ideen entstehen, die einen kreativen Schub bewirken.

Alles in dieser Welt hat Ursachen und Wirkungen. Dieser Zusammenhang gilt selbstverständlich auch für die Gefühle. Im Gegensatz zu den Gesetzmäßigkeiten der Natur sind die Gefühle jedoch vom menschlichen Bewusstsein her zu beeinflussen. Es gibt zwar biochemische Prozesse, die die Entstehung von Gefühlen und Gedanken regeln, aber in letzter Konsequenz sind diese Regungen vom Geist bestimmt. Sie sind handhabbar. Es gibt kein Naturgesetz, das festlegt, wie diese Gefühle auszuleben sind, in welchen Handlungen sie sich zu manifestieren haben und in welche Richtung sie vom einzelnen Menschen ausgebaut werden.

Diese Einsicht in einen wesentlichen Teilbereich der menschlichen Entscheidungsfreiheit ist eine Herausforderung und eine Hoffnung zugleich. Viele Gefühle, viele Tiger, sind im Dschungel des eigenen Geistes verborgen. Es ist vielleicht ein zu hoher Anspruch, sie alle zu entdecken und zu zähmen. Notwendig ist es aber, von ihrer Existenz zu wissen.

Das Wissen über diesen inneren Reichtum darf nicht weniger wichtig sein als die Kenntnis von äußeren Gegebenheiten. Viele Menschen kennen das Periodensystem der Elemente auswendig, können alle Automarken dieser Welt aufsagen oder einen feinen Duft sofort der richtigen Parfümsorte zuordnen. Nach den ihnen zur Verfügung stehenden Gefühlen befragt, kommen sie bei ihrer Aufzählung über die klassischen Empfindungen wie Liebe und Hass, Glück und Neid, Freude und Ärger oftmals kaum hinaus.

Wer sich wenig mit seinen Gefühlen beschäftigt, verschließt sich einem der wichtigsten Zugänge zum Leben überhaupt. Selbstverständlich ist die gesamte Mitwelt von Leben durchdrungen und jedes einzelne Leben untrennbar mit allen Gegebenheiten des Universums verbunden. Das real und in aller Tiefe und Bedeutung spürbare Leben findet jedoch immerzu innen statt. Dieser Lebendigkeit in all ihren Ausprägungen in sich gewahr zu werden und zu empfinden ist die Voraussetzung dafür, diese Eigenschaft auch außerhalb des eigenen Körpers wirklich annehmen zu können. Die Tatsache, lebendig zu sein, sollte deshalb als das wesentlichste Grundgefühl behandelt werden und dementsprechend eine ständige Wertschätzung erfahren.

Acht mal acht entschleunigte Bewegungen

Das Zentrum reinigen

Du stehst schulterbreit; die Arme hängen neben dem Körper. Mit der Einatmung werden die Hände langsam bis neben die Brust gehoben. Die Innenflächen zeigen nach vorn (Bild 1). Mit der Ausatmung werden die Hände auf Brusthöhe mit den Innenflächen voran nach vorn geschoben, bis die Arme fast durchgestreckt sind (Bild 2). Bei der nächsten Einatmung werden die Hände langsam seitlich der Brust zurückgeführt. Die Ellbogen hängen. Das Schieben und Zurückholen der Hände wiederholt sich, bis bei der achten Ausatmung die Hände neben die Hüften sinken.

Deine Aufmerksamkeit solltest du bei der Einatmung auf dein Körperzentrum richten. Bei der Ausatmung konzentrierst du dich auf deine Hände. Einatmend kannst du dir vorstellen, wie sich schädliche Energien in deinem Zentrum sammeln. Bei der Ausatmung darfst du spüren, wie die schlechten Energien dich über die Hände verlassen.

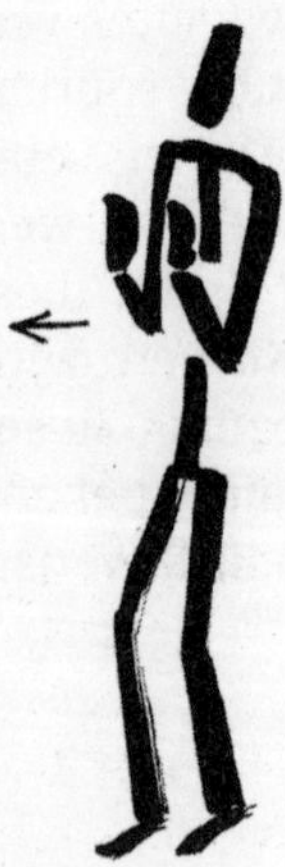

Bild 1

Bild 2

Zwei Dinge sollten Kinder von ihren Eltern bekommen: Wurzeln und Flügel.

J. W. Goethe

IV. Die Geistesregungen entschleunigen
Stille statt Böller

Der Geist des Menschen enthält mentale Strukturen, ohne die er nicht arbeiten kann. Sie werden mit Anregungen gefüllt, die sich heutzutage immer schneller ändern. Um sich nicht als Opfer dieser rasanten Entwicklungen zu fühlen, sollte die Ausgestaltung der Innenwelt weitgehend in Eigenregie auf ruhige und integre Weise erfolgen.

Ähnlich wie Gefühle können auch Geistesregungen nicht direkt entschleunigt werden. Beide sind zunächst einmal so anzunehmen wie sie sind. Mehr noch: Sie sind zu begrüßen. Schließlich sind Empfindungen und Gedanken zwei ganz besondere Eigenschaften des Menschseins. Ohne sie laufen alle Wahrnehmungen ins Leere, und das Bewusstsein funktioniert nicht.

Mit welch hoher Geschwindigkeit sich der eigene Geist regt, wird vielen Menschen erst richtig klar, wenn sie sich zum ersten Mal einer stillen Meditation hingeben. Beim Sitzen auf einem Kissen, Stuhl oder Bänkchen, aufgerichtet und ohne äußere Bewegungen, gerät die Gedankentätigkeit in den Mittelpunkt der Wahrnehmung. Sie stellt sich als ein nicht zu unterbrechendes Phänomen heraus. Nach dieser Erfahrung wird der Geist gern als ein »wilder Affe« beschrieben, »der von Ast zu Ast springt und nie zur Ruhe kommt«.

Ihn einzusperren ist weder möglich noch sinnvoll. Allerdings besteht die Chance, ihn zu motivieren, zumindest zeitweise einem Ast treu zu bleiben, was schon ein gewisser Schritt in Richtung Beruhigung ist. Die meisten Methoden der stillen Meditation versuchen diesem Ziel näher zu kommen, indem sie dem Geist die Aufgabe stellen, bei der Ein- und Ausatmung zu verweilen.

Der Atem kann geradezu als das Scharnier bezeichnet werden, das Körper und Geist miteinander verbindet. Zunächst einmal ist er eine körperliche Tätigkeit, die vom Kopf her zwar beeinflusst, aber nicht abgestellt werden kann. Daher ist der Atem ständig in Betrieb. Darüber hinaus ist er stets in unmittelbarer Nähe, kann also jederzeit direkt und aufmerksam wahrgenommen werden. Wer sich der Ein- und Ausatmung widmet, wird sich des unbedingten Zusammenhangs von Körper und Geist bewusst werden.

Sicherlich sind allerhand Ablenkungen zu überwinden, die während der Meditation auftreten, z. B. schmerzende Knie, ein Kratzen im Hals oder Verspannungen im Rücken. Mit etwas Geduld und Disziplin gelingt es jedoch allmählich, die Aufmerksamkeit mehr oder weniger lange der Atmung zu widmen. Damit sind die Aktivitäten des Geistes jedoch keineswegs erloschen; im Gegenteil: Manchmal steigern sie sich zunächst noch. Normalerweise ergibt sich eine größere Offenheit, ein breiteres Spektrum und eine tiefer gehende Ebene der aufsteigenden Assoziationen. Auch hier lässt sich das im 3. Kapitel beschriebene Sechs-Punkte-Programm anwenden, nämlich »dem ersten Gedanken, der nach einem Reiz entsteht, auf die Spur zu kommen«, also die Regungen des Geistes zu identifizieren und zu benennen. Die so behandelten Assoziationen sollten jedoch gedanklich nicht weiter verfolgt, sondern es sollte versucht werden, sich wieder der Atmung zuzuwenden.

Die während der Meditation allmählich spürbare Beruhigung führt dazu, mehr und mehr alles anzuschauen, was geschehen ist und Spuren im Geist hinterlassen hat. Interessanterweise stellt sich bei vielen Menschen heraus, dass sie sich mit den Regungen, die unzufrieden machen, weit mehr beschäftigen als mit denjenigen, die Zufriedenheit bewirken. Dieses Phänomen weist noch einmal auf eines der fundamentalsten Bestrebungen des Menschen hin, auf die ständige Suche nach Glück. Angenehme Empfindungen gelten bald als erreicht und gelöst, schnell werden sie als gegeben und selbstverständlich angenommen und »neutralisiert«. Unangenehme Gefühle und Regungen hingegen sind beunruhigend. Sie irritieren den Geist und fordern ihn permanent heraus. Immer wieder kreisen die Gedanken um das gleiche Problem und suchen nach einer Lösung.

In einer meditativen Haltung geraten natürlich auch die Stimmungen und Überlegungen, die zufrieden machen, ins Licht der Wahrnehmung. Einige der scheinbar angenehmen Regungen entlarven sich dann als Unruheherde, die die Geschwindigkeit der Gedankentätigkeiten erhöhen. Spätestens wenn diesem Phänomen nachgegangen wird, können auch diese Quellen der sprunghaften Bewegungen des Geistes lokalisiert werden.

Basis aller Geistesregungen sind mentale Strukturen, die die innere Ordnung des Geistes formen. Ihre Funktionsfähigkeit ist angeboren. Sie sind bei allen Menschen gleich. Zu ihnen gehören die fünf Sinne ebenso wie die Gefühle, die Wahrnehmungen und das Bewusstsein. Auch Fähigkeiten wie Wille, Achtsamkeit, Konzentration, Freude, Güte, Energie, Fleiß, Faulheit, Schamlosigkeit und viele andere stehen allen Menschen zur Verfügung.

Anders sieht es mit dem Inhalt dieser Strukturen und Fähigkeiten aus. Im Laufe unseres Lebens wird er durch Erziehung und Lernen erworben. Während der genetisch festgelegte Bereich des Geistes (also die Strukturen und die

Fähigkeiten als solche) höchstens mit biochemischen Mitteln zu beeinflussen ist (z.B. mit Nikotin, Koffein, Alkohol oder anderen Drogen), wird sein eigentlicher Inhalt, seine Füllung, von gesellschaftlichen und kulturellen Einflüssen und Gewohnheiten bestimmt.

Das Beispiel eines Gartens mag das veranschaulichen. Der Garten besteht aus fruchtbarer Erde, die zusätzlich gedüngt werden kann, und enthält vielerlei Beete, Gewächshäuser und Be- und Entwässerungsanlagen. Nun kommt es auf die Gärtnerin bzw. den Gärtner an, was in diesem Garten angebaut wird und wie es gedeihen soll. Vor 100 Jahren wurden in Deutschland große Flächen für Kartoffeln, Kohl und Bohnen reserviert; derzeit sind Spargel, Zucchini und Tomaten sehr beliebt. Vor 50 Jahren galt chemische Düngung als modern; heute ist vollbiologischer Anbau angesagt. In einem Garten in Nordnorwegen dürfen Erd- und Himbeeren nicht fehlen, während an den Küsten der indonesischen Inselwelt ein Garten ohne Kokospalmen kaum zu finden sein wird. Das Beet im inneren Garten des Menschen, das am intensivsten gepflegt werden muss und gleichzeitig die faszinierendsten Früchte hervorbringt, ist das Bewusstsein (dazu mehr in Kapitel V).

Die Unruheherde des menschlichen Geistes ergeben sich also nicht aus seinen Strukturen, sondern aus seinen Inhalten. Sichtbar werden sie, wenn auf praktische Weise probiert wird, den Geist zu beruhigen. Wenn z. B. Entschleunigungsübungen oder Atem-Meditationen angewendet werden und der Geist sich selbst aufmerksam zu betrachten beginnt, dann offenbart sich allmählich, was in ihm tatsächlich vor sich geht. Sicher: Zunächst wird nur die Oberfläche betrachtet; doch wird das Training vorangetrieben, so zeigt sich unter der Oberfläche – und sei es nur teilweise – das Verborgene.

Vorausgesetzt, dies geschieht in einer unvoreingenommenen, offenen und nicht zuletzt integeren Weise, so werden mit der Zeit jene Bereiche vermehrt ins Bewusstsein gelangen, die wahr sind. Im Idealzustand ist der Geist schließlich uneingeschränkt von einer wahrhaftigen Sicht der Dinge und des Daseins erfüllt. Dieser Zustand ist das Fernziel aller meditativen Methoden und wird in den asiatischen Kulturen – vor allem durch die Lehren des Buddha – mit dem Wort »Bodhi« ausgedrückt, was soviel wie »Erwachen« bedeutet und oftmals mit »Erleuchtung« übersetzt wird, obwohl es mit einer Lichterfahrung eigentlich nichts zu tun hat.

Wie macht sich diese Art der Erforschung der Unruheherde konkret bemerkbar? Hinsichtlich der Regungen, die deutlich spürbar unzufrieden machen, ist das relativ leicht zu erklären. Wer eifersüchtig ist, wird dieses Gefühl bei einer ruhigen Selbstbeschauung sehr schnell identifizieren und benennen können. Wer die dabei entstehenden Regungen längere Zeit in einer meditativen Stimmung beruhigt, wird nicht an der Wahrheit vorbeikommen, wenigstens einen Teil der Ursachen dieses Gefühls auch in sich selbst zu entdecken und sie in unheilsamen Geistesgebilden wie Anhaftung, Stolz und Wut zu erkennen. Ärger und Neid werden auf Hass, Arroganz und Illusionen zurückgeführt, und Angst und Sorgen haben viel mit mentalen Strukturen wie Unehrlichkeit, Mangel an Vertrauen und Unachtsamkeit zu tun.

Besonders interessant wird ein die eigene Tiefe ausleuchtendes Vorgehen jedoch dann, wenn Geistesregungen betrachtet werden, die vermeintlich angenehm sind, die aber seltsamerweise die Unruhe des Geistes steigern. Hier tauchen nämlich beim Durchdringen der Oberfläche ganz andere Geistesformationen auf als vermutet. Statt der vielleicht angenommenen Motive Freude, Leichtigkeit, Bescheidenheit und Entschlossenheit zeigen sich als wahre Triebkräfte möglicherweise falsche Ansichten, Illusionen, Unehrlichkeit, Selbstsucht, Unwissenheit, Dreistigkeit, Heuchelei oder Zweifel. Die scheinbar guten Gefühle sind also auf unheilsamen Fundamenten aufgebaut worden. Einerseits konnten sie von der Unruhe des Geistes überlagert werden und auf diese Weise so lange unbemerkt bleiben, bis der Geist beispielsweise durch eine meditative Praxis endlich auf sie aufmerksam wurde. Andererseits ging von ihnen diese Unruhe aus, weil ein gehöriger Energieaufwand nötig war, um diese Basis aus verfälschten Wahrnehmungen und zurechtgebogenen Ansichten zu verbergen.

Beispiele für diese Lebenshaltung gibt es weit mehr als oft angenommen. So wundern sich viele Männer darüber, wie psychisch anstrengend ihre vermeintlich glückliche Ehe sich gestaltet, weil sie sich permanent an der Einsicht vorbeimogeln müssen, dass sie ihre Partnerin ständig an der Verwirklichung ihrer Träume zu hindern versuchen. Die hektische Fröhlichkeit und die wechselnden Beziehungen mancher Frauen sollen vielfach eine direkte Auseinandersetzung mit der Angst vor der Einsamkeit oder vor dem Tod verhindern. Und viele Unternehmer, Politikerinnen und Chefs können sich oft nur durch ein ununterbrochenes Streben nach Macht, Erfolg und äußeren Ablenkungen zufrieden fühlen, weil sie sonst die schwerwiegenden Folgen ihrer Entscheidungen auf das Leben ihrer Untergebenen allzu intensiv wahrnehmen würden.

Im Verhältnis zu solchen eher persönlichen Unstimmigkeiten sind gesellschaftlich bestimmte Gewohnheiten, die zu verwirrenden Gedanken führen, eigentlich wesentlich häufiger. Allerdings sind sie schwerer zu erkennen, da sie oft als unverrückbare Sachzwänge angesehen und deshalb kaum hinterfragt werden. Diese Gewohnheiten sind mitunter so selbstverständlich, dass schon eklatante Vorfälle nötig sind, um einen (viel zu) kurzen ehrlichen Blick auf sie zu werfen (z.B. ein sprunghafter Anstieg der Arbeitslosigkeit, die Terrorakte des 11. September 2001, das Oder-

Hochwasser 2002 oder das Seebeben im indischen Ozean Ende 2004).

Als relativ harmlos für gesellschaftlich bedingte Gereiztheiten können die psychischen Phänomene bei der Anpassung an Modeströmungen in Bezug auf Kleidung, Musik, Urlaubs- und Freizeitgestaltung gelten. Wer sich diese Trends nicht leisten kann oder will, sollte eigentlich problemlos zufrieden stellende Alternativen finden und eine innere Balance zwischen dem selbstgewählten Stil und den eigenen wirklichen Bedürfnissen herstellen können. Seltsamerweise ist dieses Feld dennoch – vor allem bei jüngeren Menschen – eine häufige Ursache erheblicher Unzufriedenheiten und Gedankentätigkeiten. Deutlich zeigt sich die Stärke der Energien, die von der Gesellschaft bei der Durchsetzung ihrer Normen ausgeht.

Weitaus schwieriger ist es allerdings, zu den Quellen des von vielen Gedanken und Plänen erfüllten Strebens nach Eigentum vorzudringen. Eine Gewohnheit, die dermaßen stark im kollektiven Bewusstsein unserer Gesellschaft verankert ist, dass eine Überwindung dieser angeblich so glücklich machenden Sucht weiter entfernt denn je, ja fast undenkbar scheint. Selbst die immer größer werdenden Unterschiede zwischen Arm und Reich können hier offensichtlich wenig bewirken. Während sich die Situation der Besitzlosen erkennbar verschlechtert, sorgen die Besitzenden mit fast allen zur Verfügung stehenden Mitteln dafür, ihr Eigentum zu vermehren und die Bereiche auszudehnen, in denen das Recht aus Privatbesitz gilt, beispielsweise Wasser, Saatgut, Energie und die menschlichen Gene. Dabei verwenden sie einen erheblichen Teil ihrer Bemühungen darauf, nicht wahrnehmen bzw. wahrhaben zu müssen, dass sie nur deshalb so reich sind, weil die anderen so arm sind.

Eine weitgehend unterschätzte Ursache für versteckt arbeitende und erregend wirkende Geistesprozesse stellt auch das unterschwellig vorhandene Wissen dar, dass die derzeitigen Hauptentwicklungsrichtungen der Gesellschaft in vielerlei Hinsicht langfristig keine Perspektive haben. Wer – wie ich – Vater einer einjährigen Tochter ist, muss (ohne an Enkelkinder zu denken) eigentlich 80 Jahre vorausschauen. Eine Fortschreibung der augenblicklichen ökonomischen und ökologischen Entwicklungen, das schnelle Verschwinden der Energieressourcen, der Rückgang der Artenvielfalt usw. bis ins Jahr 2085 zeigt jedoch auf allen Ebenen: So wie jetzt geht es nicht mehr lange weiter. Die klassische Haltung der nordamerikanischen Indianer, eine heutige Entscheidung vom Wohlergehen der siebten nachfolgenden Generation abhängig zu machen, verdeutlicht die Ignoranz des gegenwärtigen Umgangs mit der Zukunft. Manche bezeichnen das Vorgehen der heutigen Gesellschaften schon als einen »erbarmungslosen Krieg, den wir gegen unsere eigenen Kinder und Kindeskinder führen«.

Diese Ahnung schlummert mittlerweile in sehr vielen Menschen und unterscheidet sich von historischen Weltuntergangsfantasien durch ihre physikalische und statistische Berechenbarkeit. Sich so gut wie machtlos an einer Wirtschaftsweise beteiligen zu müssen, die mit ständig steigender Geschwindigkeit all das ausbeutet und vernichtet, was für ein zukünftiges friedliches und glückliches Leben notwendig ist, stellt sich als ein Wissen dar, das nicht nur immer schwerer zu verdrängen ist, sondern den Geist mehr und mehr belastet und zuweilen krank macht. Bei manchen Menschen führen diese äußeren Inkonsequenzen zu einer zunehmenden Verunsicherung, mutlos machenden Depressionen und wachsender Verzweiflung. Sie spüren ein drohendes Unheil, fühlen sich aber gelähmt und völlig hilflos. Diese oftmals uneingestandenen und selten diskutierbaren Sorgen erhöhen die Orientierungslosigkeit des Geistes enorm.

Die grundsätzliche Frage stellt sich: »Was trägt mehr zur Beschleunigung der Geistesregungen bei: das Verdrängen oder das Annehmen der problematischen Zustände des eigenen und des gesellschaftlichen Lebens?« Meiner Ansicht nach kann die Antwort nur lauten: Die Unterdrückung und Verbiegung von unangenehmen Wahrheiten beschäftigt den Geist wesentlich länger und intensiver als eine aufrichtige Sicht in das Leben und seine Prozesse. Lediglich die Anfangszeit, in der eine ehrliche Betrachtung der Dinge und des Daseins erst erobert wird, kann anstrengend und verwirrend sein. Wenn ein realistischer, angstfreier und deshalb stabilerer Blick in die Wirklichkeit erreicht ist, verbraucht der Geist keinerlei Energien mehr, um ein Ausleuchten seiner »dunklen Stellen« zu verhindern. Eine solche Verdrängungsleistung ist dann nicht mehr nötig.

Wer sich mit Hilfe von meditativen Verfahren zu mehr innerer Ruhe verhelfen möchte, wird sich all den Widersprüchlichkeiten stellen müssen, die sich in den Tiefen des Geistes verbergen. Nach und nach werden alle vorhandenen Themen aufsteigen, besonders diejenigen, die lange vernachlässigt worden sind und deshalb nach Bearbeitung drängen. Durch eine konzentrierte und vorbehaltlose Betrachtung und Sortierung wird sich die Zahl der »blinden Flecken« allmählich verringern.

Und mit der Zeit werden nur diejenigen geistigen Regungen übrig bleiben, die einer Überprüfung standgehalten haben, also das, was solide, überzeugend und wahr ist. Mit anderen Worten: Falsches, Unwahres, Unüberzeugtes und Fehlgeleitetes wird so lange innerlich wühlen, irritieren und für Unruhe sorgen, bis es wahrgenommen und in Übereinstimmung gebracht wird mit denjenigen Strebungen des Geistes, die für wirklich heilsam gehalten werden. Im Idealfall kann sich der Geist nun von einer stabilen Basis aus ohne Ablenkungen mit dem beschäftigen, was aktuell anliegt. Er ist ohne Scheuklappen und ohne unbekannte Sorgen in der Gegenwart angekommen. Er sollte eigentlich ruhiger sein.

Eine Art innerer Aufklärung findet also durch Meditation statt, die einer Selbstanalyse nahe kommt. Insofern hat Meditation eine große Verwandtschaft mit sehr vielen in den vergangenen Jahrzehnten vor allem in den westlichen Ländern entstandenen Erkenntnissen und Verfahrensweisen, die sich mit den sozialen, psychischen und spirituellen Befindlichkeiten des Menschen befassen. Deshalb werden die traditionellen fernöstlichen Lebenslehren, die den Hintergrund für viele Meditationspraktiken bilden, manchmal sogar als die ältesten psychologischen Systeme der Menschheit angesehen.

Hier zeigt sich wieder einmal, dass es neben den meditativen Verfahren viele andere Möglichkeiten gibt, auf direkte oder indirekte Weise eine Beruhigung und Integrität des Geistes voranzutreiben. Erwähnt seien noch einmal spirituell und philosophisch orientierte Gesprächskreise, die gesamte Bandbreite psychotherapeutischer Methoden, die verschiedenartigen Instrumente der Lebensbewältigungs- und auch der Sterbehilfe, diverse die Eigenaktivität und Selbsttransformation fördernde Angebote im Wellness-Bereich usw.

Vor allem aber sollte die Scheu überwunden werden, diese Problematik im Familien-, Freundes- und Bekanntenkreis anzusprechen. Das ist in zweifacher Hinsicht fruchtbar. Zunächst kann sich herausstellen, dass wesentlich mehr Menschen als vielleicht angenommen ein aufrichtiges und die eigene Tiefe ausleuchtendes Leben zu führen versuchen. Darüber hinaus können sich viele interessante und ergiebige Gespräche ergeben, die den vielerorts belächelten Spruch bestätigen, wonach eine offene und intensive Beschäftigung mit dem Innenleben heilender und freudvoller ist als ein Lottogewinn oder eine Spritztour mit einem Ferrari.

Wenn es um den Zustand des eigenen Geistes geht, sind auch didaktisch aufbereitete Zugänge erlaubt, vor allem wenn sie in einer wachen und selbstbestimmten Atmosphäre erfolgen. Dies geschieht unter anderem in einer so genannten Fantasie-Reise, die sich in meinen Wochenseminaren zu den Themen »Achtsamkeit und innerer Friede« oder »Linien im Leben finden« großer Beliebtheit erfreut und oft Ausgangspunkt für interessante und spannende Diskussionen ist, die sich manchmal bis in die Nacht hinein fortsetzen.

Hier wird nach einer nicht zu kurzen Schweigephase, die der Atembetrachtung und der Herstellung einer inneren Sammlung dient, die Aufmerksamkeit Schritt für Schritt auf folgende Fragen gelenkt: »Ich nehme die Regungen meines Geistes wahr und spüre, wie die Gedanken weniger hin und her springen. Ich versuche zu beobachten, was geschieht, wenn mein Geist sich ein wenig gesammelt hat. Welche Themen erscheinen nun sozusagen ›von selbst‹? Sind das Themen, die mich fast täglich beschäftigen? Kann ich durch sie herausfinden, was mich antreibt und auf Trab hält? Welche Bedürfnisse sind es eigentlich, die meinen Lebensalltag bestimmen?« In einem zweiten Schritt kann diese Fantasie-Reise wieder auf die Befindlichkeit des Geistes gerichtet werden mit Fragen wie: »Zu welchen Ergebnissen wird mein Geist wohl kommen, wenn er wirklich ruhig ist? Welche Fähigkeiten und Erkenntnisse mögen wohl einen wirklich ruhigen und konzentrierten Geist auszeichnen?«

Wer beginnt, sich für den Zustand des eigenen Geistes zu interessieren und seine Entfaltung bewusst und in ruhigen Bahnen vorantreiben möchte, gewinnt bald Mut für Experimente. Es muss ja nicht gleich ein langes Schweigeseminar in einem Bildungszentrum oder einem Kloster sein. Der schon erwähnte Achtsamkeits-Verein hat beispielsweise einen – übrigens sehr gut besuchten – meditativen Jahreswechsel unter dem Titel »Stille statt Böller« veranstaltet. Das mit einer Tee-Zeremonie beginnende vierstündige Programm ermöglichte einen besinnlichen Abschluss des alten und einen von Ruhe und Konzentration bestimmten gemeinsamen Start ins neue Jahr – ganz ohne Rauch, Sekt und Knallerei, dafür mit einem sanften Lächeln auf den Lippen, als während der stillen Sitzmeditation um Mitternacht von draußen die hektische Knallerei und das Läuten der Kirchenglocken in den großen Saal hereinklangen.

Zu den Experimenten, die Verfassung des eigenen Geistes zu verbessern, gehören auch die Übungsfolge »Acht mal acht« und alle anderen meditativen Methoden – inklusive Angeln, wenn Letzteres nicht wegen der Menge der gefangenen Fische, sondern mit ein wenig Atembetrachtung und achtsamer Selbstzuwendung ausgeübt wird.

Der Atem ist der Schlüssel für eine Sortierung der Ursachen innerer Unruhe und damit für eine indirekte Entschleunigung der Geistesregungen. Er öffnet nicht nur das Eintrittstor zum Geist, sondern auch dessen jederzeit vorhandene Verbindungen zum Körper. Er ist Basis und Anker der Selbstbetrachtung. Der Atem ist etwas so Gewöhnliches und gleichzeitig etwas so grundsätzlich Wahres, dass er das allerbeste Mittel darstellt, um ein Absinken und Abheben des Geistes zu verhindern. Die Orientierung an der eigenen Atmung sorgt dafür, eine Selbsterkenntnis auf der Grundlage des gesunden Menschenverstandes zu beginnen und diesen Kontakt auch in den tiefsten Tiefen bzw. höchsten Höhen aller Denk- und Bewusstseinsmöglichkeiten nicht zu verlieren.

Den Stand sichern

Du stehst weiter schulterbreit. Die Hände sind am Ende von Übung 3 mit den Innenflächen nach hinten zeigend gesunken.

Übung 4 beginnt mit dem Drehen der Hände, die dann langsam nach vorn gehoben werden bis auf Bauchhöhe. Dabei einatmen (Bild 1). Zu Beginn der Ausatmung werden die Hände wieder gedreht. Sie sinken langsam bis neben die Oberschenkel (Bild 2). Sieben Mal wiederholen.

Wenn du magst, sinkst du beim Ausatmen leicht in die Knie (»Sitzende Haltung«) und kommst beim Einatmen wieder hoch. Deine Aufmerksamkeit sollte deinem Körperzentrum und deiner Stehhaltung gelten. Du kannst dir vorstellen, dass du einen sicheren Stand einnimmst und mit dem Boden verbunden bist. Die Erde trägt dich.

Bild 1

Bild 2

Man sieht nur mit dem Herzen gut.
Das Wesentliche ist für die Augen unsichtbar.
Antoine de Saint-Exupéry

V. Das Bewusstsein entschleunigen
Die erste Wahrheit ist Glück

Eine der faszinierendsten Aufgaben des Geistes besteht darin, sich mit den Kernfragen des Lebens zu befassen. Bevor diese Quellen der menschlichen Möglichkeiten nicht eigenständig ausgeleuchtet worden sind, wirken sie als Unruheherde und verunsichern das Bewusstsein so lange, bis es zufriedenstellende Antworten erlangt hat.

Leben ist Bewegung, ein Prozess, der keine Unterbrechung kennt, eine Dynamik, die sich nicht nur im körperlichen, sondern auch im geistigen Bereich zeigt. Pausenlos dringen Informationen und Eindrücke in uns ein, permanent müssen sie bearbeitet werden. Doch niemand wäre damit einverstanden, würde dieser Fluss von außen willkürlich begrenzt. Wer solche Einschränkungen erfährt, denkt zu Recht an Zensur oder Manipulation, und fast automatisch wird er versuchen, sich dem zu widersetzen.

Entschleunigung wird deshalb niemals zum Ziel haben, Erfahrungen zu verhindern oder von anderen beschneiden oder lenken zu lassen. Im Gegenteil. Durch eine Entschleunigungs-Praxis soll der Körper beweglicher werden und bleiben. Unsere Wahrnehmungsfähigkeit wird durch eine Orientierung auf die Präsenz konzentriert und damit verfeinert. Die Empfindungen intensivieren sich durch die

Zähmung der inneren Tiger. Und die Geistesregungen werden durch eine ruhige und gründliche Bearbeitung von ihrer Flatterhaftigkeit befreit und dadurch geordnet. Eine Ausdehnung und Begrenzung all dieser Maßnahmen und Ziele sollte auf Grundlage von sorgsam überlegten Entschlüssen geschehen und mit Hilfe von selbstinitiierten Eigenaktivitäten umgesetzt werden, so dass ein Verdacht auf Fremdlenkung nur selten oder besser gar nicht entsteht.

Inwieweit kann auch das Bewusstsein entschleunigt werden, jene Instanz also, die einen ursächlichen und bestimmenden Einfluss auf die anderen Bereiche ausübt und etwa die Entscheidung trifft, ob sich eine Person überhaupt entschleunigen möchte oder nicht? Gibt es Bereiche im Bewusstsein, die zu Unzufriedenheit und unheilsamen Regungen führen und die sich durch eine genaue Betrachtung und eine ruhige Bearbeitung so verwandeln lassen, dass sie heilsam wirken oder sogar ein Gefühl von Glück entstehen lassen? Und wenn ja, wo befinden sie sich?

Hinsichtlich Manipulation und Fehlleitung, vor allem aber mit Blick auf die Beschleunigung ist das Bewusstsein der wohl empfänglichste und dadurch auch empfindlichste Bereich des Geistes.

Viele Menschen verwechseln Quantität mit Qualität und ertränken ihr Bewusstsein in der Vielfalt der Möglichkeiten. Sie lassen sich von der Hoffnung leiten, durch die pure Menge verschiedenartigster Ereignisse etwas vom Sinn zu erhaschen. Damit liegen sie zwar im aktuellen Trend, möglichst viel möglichst schnell zu erleben; fraglich aber bleibt, ob sie auf diese Weise ihre Zeit angemessen füllen oder nicht vielmehr einige wichtige Erfahrungsebenen von vornherein ausklammern. Selbst wenn das Springen vom einen Erlebnis zum nächsten nicht unbedingt oberflächlich wirkt, enthält es doch latent die Befürchtung, etwas verpassen zu können.

Häufigkeit und Tempo unserer Gedanken werden zudem durch die Gewohnheit erhöht, sich immer in einer Vergleichssituation zu sehen. Verinnerlichte Bewertungen wie »besser oder schlechter als« und egoistische Maßstäbe wie »Hat es mir was gebracht?« sorgen für ständige Gegenüberstellungen, für ein nicht selten frustrierendes Abwägen, das unsere innere Unruhe verstärkt. Hinzu tritt die Tendenz, sich von vorherrschenden Wunschproduktionen infizieren zu lassen, die viele unerfüllbare Sehnsüchte wecken und unseren Geist okkupieren.

Nicht unterschätzt werden dürfen auch die irritierenden Wirkungen, die von der Hemmung ausgehen, den eigenen Geist in den Fokus zu nehmen. Nicht wenige Menschen scheuen davor zurück, sich zu fragen, welche Rolle sie als Individuum in einem riesigen, unerklärlich wirkenden Kosmos spielen. Anstatt ihr alltägliches Handeln spirituell zu unterfüttern und sich von einer inneren Überzeugung motivieren zu lassen, verstärken sie ihre Orientierung nach außen und verlieren so den Kontakt zu sich selbst. Viele Aktivitäten nicht nur des Geistes mögen von dem Versuch motiviert sein, einer Konfrontation mit sich selbst aus dem Weg zu gehen.

Aus all diesen Gründen ergeben sich oft große Schwierigkeiten, auf der Bewusstseinsebene zu Ergebnissen zu kommen, die als richtig oder als »wahr« angesehen werden können. Sich selbst und die Welt bewusst wahr- und anzunehmen sollte jedoch als eine der wesentlichsten Aufgaben im Leben eines Menschen gelten. Wer sich mit »Lebenszeit« und »Wegen zum Glück« beschäftigt, sollte unbedingt eine Betrachtung des bewussten Seins mit einschließen.

Allerdings enthält eine Beschreibung des Bewusstseins und seiner Aufgaben immer einen Rest persönlicher Wertung. Trotz des Versuches, sie so allgemein wie möglich zu formulieren, sind die folgenden Bemerkungen deshalb in letzter Konsequenz subjektiv, also ein Teil meiner augenblicklichen Überzeugungen. Exemplarisch zeigen sie, welche Prioritäten sich bei der Beruhigung meines Bewusstseins ergeben haben. Das beginnt schon damit, dass ich es als Hauptaufgabe des Bewusstseins ansehe, einer Zielsetzung wie »mehr Leben auf dem Weg zum Glück« eine spirituelle Grundlage zu verleihen. Zwar dringt das Bewusstsein auch in alle anderen Bereiche des Geistes vor und kann sich in den Bewegungen des Körpers manifestieren; vorrangig ist es jedoch für den Inhalt des Geistes zuständig. Unter Zuhilfenahme von Wahrnehmungen, Empfindungen und Geistesstrukturen sorgt das Bewusstsein für die Entstehung einer inneren Stimmigkeit, die das Tun eines Menschen auf allen Ebenen zusammenpassen lässt.

Außerdem bin ich der Meinung, dass eine Entschleunigung des Bewusstseins nicht nur möglich, sondern sogar das ergiebigste Feld der Entschleunigungspraxis ist. Erkenne ich das Bewusstsein als Basis meines Geistes, kann innere Ruhe nur dann entstehen, wenn das Bewusstsein beruhigt ist. Zudem vermute ich, dass eine Befriedung des Bewusstseins der wirkungsvollste Weg ist, um neuartige Qualitäten des Lebens zu probieren. Die Chancen auf tiefe Glückserfahrungen werden erhöht.

Subjektiv ist auch mein Umgang mit der menschlichen Fähigkeit zu »glauben«. »Glauben« gilt mir als eine der stärksten Quellen innerer Unruhe. Denn solange ich »glaube«, werde ich das Gefühl nicht los, mich bei der Beantwortung von Fragen nicht weiter vorgewagt zu haben, stehen geblieben zu sein und mich mit Zwischenergebnissen und instabilen Konstruktionen zufrieden zu geben, die oft von außen an mich herangetragen wurden. Mein Motto lautet deshalb: »Nicht glauben, sondern erkennen und verstehen und selbst erleben«, ergänzt durch Sätze wie: »Glaubst du noch oder weißt du schon?« und »Dich selbst erkenne und erfahre durch dich selbst, dich selbst erlöse und befreie durch dich selbst«. Keine einzige meiner Bewusstseinsregungen kann ich delegieren; alle Phänomene des Geistes spielen sich in mir selbst ab. Dabei möchte ich zwar so viele Anregungen wie möglich von außen aufnehmen, mir aber die Entscheidung über meine Überzeugungen nicht nehmen lassen. Sollte dies doch geschehen, entsteht daraus eine von Zweifeln geprägte unterschwellige Distanz, die mich zum ständigen Nachgrübeln zwingt.

Vor allem die existenziellen Fragen des Lebens sorgen für innere Unruhe, solange sie nicht umfassend beantwortet sind. Wenn Fragen wie »Hat das Leben einen Sinn? Wer bin ich?« nicht überzeugend geklärt sind, werden sie sich immer wieder stellen. Sie werden im Untergrund wühlen, meinen Geist auf Trab bringen. Mit den ewig gleichen Fragen werden sie mein Bewusstsein beschleunigen. Solange diese Fragen nicht gelöst, nicht beantwortet sind, gehen von ihnen beunruhigende Energien aus, die unzufrieden und unglücklich machen.

Die Fähigkeit, den existenziellen Fragen offen gegenüberzustehen und ein aufrichtiges und bewusstes Leben zu führen, möchte ich als das faszinierendste Beet im inneren Garten des Menschen bezeichnen. Deshalb sollte dieses Feld besonders sorgfältig bepflanzt und intensiv gepflegt werden, damit es viele wundervolle Früchte hervorbringt. Ein Ziel, das nur dann erreicht werden kann, wenn ich die Beschaffenheit des Bodens kenne. Gibt es Merkmale dieses Bodens, die als allgemeingültig, nachvollziehbar, überprüfbar gelten? Merkmale also, die überzeugende, »objektive« Tatsachen sind und damit Grundlage für die Beantwortung weiterer zentraler Fragen sein können?

Meines Erachtens sind hier drei Eigenschaften zu nennen:

1. Alles ist immerzu in Bewegung.
2. Alles ist immerzu miteinander verbunden.
3. Die erste Wahrheit ist Glück.

1. Als ein grundlegendes Kennzeichen alles Daseins kann die Abwesenheit jeglicher Beständigkeit und Statik gelten. Die Welt und das Leben in ihr zeichnen sich durch ununterbrochene Bewegungen aus. Von vielen Menschen wird dies nicht akzeptiert; zu überwältigt ist man von der Sehnsucht, alles festhalten zu wollen. Sie klammern sich an ihren Besitz, möchten, dass alles so bleibt wie es ist. Und die Aussicht, in die »große Verwandlung« zu gehen – sterben zu müssen –, ist mit großer Unruhe, mit Angst und Schrecken verbunden.

Um beim Bild der Gartenerde zu bleiben: Ohne Mikroben, Regenwürmer und Verwesung bleibt sie unfruchtbar. Selbst eine längere Frostperiode, die den Boden zeitweise steif und unbeweglich macht, sorgt für notwendige Umwandlungsprozesse, indem so die Mäusepopulation verringert und der Humus wasserdurchlässiger wird. Ein statischer Garten wäre ein toter Garten, in dem keine Zwiebel sich in eine Tulpe verwandeln könnte, ein Apfelkern niemals ein Baum würde, und aus den Larven im Teich würden sich keine Libellen entwickeln.

Doch nicht nur der innere Garten des Menschen, sondern das gesamte Universum befindet sich in einer permanenten Entwicklung. Selbst Raum und Zeit, wie uns die Relativitätstheorie zeigt. Auch auf der atomaren Ebene gibt es Wandel und Unschärfe: Licht kann als Photon oder als elektromagnetische Strahlung erscheinen; ein Elektron ist zugleich festkörperähnlich und eine »Wolke« aus Wellen. Und auf der Erde selbst fließen die Gletscher, und die Kontinente verschieben sich.

Das Leben des Menschen ist auf allen Ebenen von dieser Wandlungsnotwendigkeit betroffen. Die Hunderte von Milliarden Zellen des menschlichen Körpers haben sich spätestens nach sieben Jahre komplett erneuert. In dieser Zeit ist aus einem jungen Mädchen eine Frau geworden. Tag und Nacht, Schlaf und Wachsein, Geburt und Tod,

Ebbe und Flut, Einatmen und Ausatmen, Freude und Traurigkeit – nirgendwo ist Stillstand. Wenn es also eine Konstante im Leben und im Dasein gibt, dann ist es die Unbeständigkeit, der Wandel.

2. Ein zweites Merkmal des Daseins ist das wechselseitige Durchdrungensein aller Phänomene – eine uneingeschränkte Verbundenheit, ein gemeinsames Entstehen in gegenseitiger Abhängigkeit. Um einen Pullover zu stricken, sind zunächst nur Wolle, Nadeln und geschickte Hände erforderlich. Doch wer die Herkunft der Wolle verfolgt, findet Schafe in Neuseeland, eine grasbestandene Wiese und einen regenreichen Sommer. Womöglich stammen die Schafe ursprünglich aus Irland und wurden vor 120 Jahren mitgenommen, als ihre Besitzer auswanderten. Wie viele Menschen waren mit ihren Ideen und ihrer Arbeit an der Entwicklung von Spinnrädern und Maschinen beteiligt, die für eine derartige Verbreitung von Wolle gesorgt haben? Wie viele Schafe haben seit Urzeiten auf der Erde gelebt und sich fortgepflanzt? Eine endlose Verkettung, die bei den Kindern des Schäfers und der Tasse Tee, die die Strickerin zwischendurch trinkt, noch nicht aufhört. Aktuell werden diese Zusammenhänge in der Globalisierung der Wirtschaft deutlich, wenn eine Kleiderfabrik in China ähnliche Arbeitsplätze in Kambodscha und Marokko gefährdet.

Die Entwicklung des Lebens in unserem Sonnensystem hängt mit Sternexplosionen zusammen, die sich vor über fünf Milliarden Jahren ereignet haben. Im Inneren dieser Supernovae wurden durch Fusionsprozesse Elemente wie Eisen, Kalzium oder Kohlenstoff gebacken, ohne die ein menschlicher Körper nicht funktioniert. Wir alle sind »Sternenstaub«. Der Mond und die schräge Stellung der Erdachse zur scheinbaren Sonnenbahn sind Voraussetzung für das Entstehen des Lebens auf unserem Planeten.

In jedem Sandkorn lässt sich das gesamte Universum entdecken. Und es ist unmöglich, auch nur ein einziges Sandkorn aus dem Universum »rauszuwerfen«. Kein einziges Elektron in irgendeinem Atom kann sich einfach verabschieden und beschließen: »Ich brauche den Rest der Welt nicht – ich hau' ab und mach' was anderes.« Nichts kann sich vollkommen abtrennen oder ganz und gar abgetrennt werden. Ein isoliertes, vollkommen vereinzeltes Sein ist unmöglich.

Das Daseinsmerkmal des wechselseitigen Durchdrungenseins aller Dinge und Phänomene verhindert die Illusion, irgendetwas könne eigenständig, unabhängig von der Welt existieren. Denn in jedem Teil ist das Ganze und im Ganzen jedes Teil zu finden. Kein Mensch ist jemals vom Universum abgetrennt, sondern immerzu restlos und ohne Einschränkungen mit ihm verknüpft und von ihm erfüllt. Damit sind auch die Fragen nach meinem »Ich« und dem Sinn meines Daseins beantwortet: Ich bin mittendrin in der Fülle des Lebens und die Fülle des Lebens ist immerzu in mir.

3. Diese beiden grundsätzlichen Eigenschaften des Daseins, der ununterbrochene Fluss der Veränderung und die umfassend miteinander verbundene Entstehung aller Erscheinungen, sind das Fundament eines dritten Merkmals, nämlich des Vorhandenseins von Glück.

Selbstverständlich ist auch das Bewusstsein des Menschen ständigen Wandlungen ausgesetzt und vom wechselseitigen Durchdrungensein aller Dinge und Phänomene geprägt; denn es kann nicht unabhängig von Gegebenheiten wie Materie und Naturgesetzen existieren. Im Zusammenhang mit einer inneren Beruhigung und dem damit einhergehenden Anstreben eines Gefühls von Glück und Zufriedenheit muss deshalb zunächst das Verhältnis zwischen Innen- und Außenwelt betrachtet werden. Ist die Außenwelt ein unabänderlicher Unruheherd des Geistes und muss sie es bleiben? Oder ist es nicht vielmehr der Geist, der diese Außenwelt erst zu einer Quelle der Unruhe erklärt?

Wenn die gesamte Welt sich in permanenter Bewegung befindet und das Nichtvorhandensein einer Statik Merkmal des Daseins überhaupt ist, dann sind Veränderungen naturgegeben und an sich nicht beunruhigend. Wandlungen stellen lediglich eine fundamentale Gegebenheit dar, eine notwendige Grundlage des Lebens. Das Universum entfaltet sich pausenlos und schafft damit Rahmenbedingungen, die den Geist und seine Tätigkeiten erst ermöglichen. Wenn der Geist des Menschen in der Bewegungsfähigkeit der Welt eine unglückselige Unruhestiftung sieht, wird er sich vergeblich nach Ruhe und Glück sehnen. Erst wenn das Wechselspiel von Entstehen und Vergehen verschwände und sich eine statische und vollkommen tote Welt bildete, würde dieser Geist von seiner falschen Sicht lassen können und im wahrsten Sinne des Wortes »zur Ruhe kommen«.

Eine vor allem in buddhistischen Kulturen populäre kleine Geschichte veranschaulicht diesen Zusammenhang, wenn von den »drei Geschenken« berichtet wird, die die Lebensgrundlagen des Menschen ausmachen. Zunächst die Materie, die Tatsache, dass überhaupt eine Welt existiert. Das zweite Geschenk zeigt sich in der Technologie, dass nämlich diese Welt auch funktioniert. Das dritte Geschenk besteht in der »Nicht-Angst«. »Wir«, so wird diese Geschichte gern interpretiert, »wir sind nicht in dieser Welt, um Angst zu haben; wir sind hier, um dieses bewegungsvolle Leben als ein wunderbares Geschenk anzunehmen und uns daran zu erfreuen«. Auf dieser grundsätzlichen Ebene ist das lebendige Dasein frei von Sorgen, Leid und Angst.

Sicher: Die Eigenschaft »Alles ist immerzu in Bewegung« kann mit Bezeichnungen wie »Unbeständigkeit« und »Vergänglichkeit« beschrieben werden. Dies jedoch mit etwas Negativem gleichzusetzen würde bedeuten, das Negative zum grundsätzlichen Kennzeichen der Welt zu erklären. Die Sichtweise »Unbeständigkeit, also Leiden« verkennt, dass Wandlungsprozesse der Existenz notwendig sind, während »Leidhaftigkeit« eine vom menschlichen Geist vorgenommene Regung, eine Wertung und daher kein naturgegebenes Merkmal des Daseins ist.

Wenn jedoch aus dem Vorhandensein der Welt und aus ihrer offensichtlichen Funktionsfähigkeit direkt auf »Ruhe« geschlossen und die »Nicht-Angst« abgeleitet oder – positiver ausgedrückt – auf die Anwesenheit von Glück geschlossen wird, dann ist dies zwar ebenfalls eine Regung des Geistes. Da es jedoch völlig widersinnig erscheint, auf die unabänderliche Realität der Nichtbeständigkeit mit Angst zu reagieren und sich in einen aussichtslosen Kampf gegen sie zu verstricken, wertet sich das Bestreben, in Frieden mit dieser Wirklichkeit zu gelangen, von selbst auf.

Diese angstfreie Haltung lässt sich dermaßen vervollkommnen, dass sie sich zu einem wissenden Gefühl verdichtet, das die Bezeichnung »Glück« verdient. Im Sinne von Annahme, Einklang und Freude kann es sich zu einem fundamentalen Merkmal des Daseins entwickeln. Auf diese Weise ist »Glück« zur ersten und wichtigsten Wahrheit des Lebens geworden, auf die bei allen Zweifeln angesichts leidvoller Eigenschaften dieser Welt zurückgegriffen werden kann. Das Lächeln eines Kindes, der Regentropfen am Küchenfenster, die zärtliche Hand auf nackter Haut, Musik und Farben – unendlich viele Beweise für das vollkommene und letztlich harmonische Zusammenspiel aller Phänomene.

Im Leben jedes einzelnen Menschen gibt es Leid, Schmerz und Sorge. Doch sie entstehen erst bei der geistigen Bewältigung der äußeren Umstände und Gegebenheiten des Daseins. Beunruhigende Geistesregungen ergeben sich noch nicht aus der Einsicht in die Notwendigkeit der

Welt, sich zu bewegen und dies in einem untrennbaren Zusammenhang zu tun. Diese Wandlungsprozesse sind stattdessen zunächst einmal konstruktiv und positiv, denn nur so wird die Welt, werden Leben und Entwicklung möglich. Dieses Verständnis führt zu einer Befriedung des Bewusstseins und verdeutlicht das grundsätzliche Vorhandensein von Glück. Wer um das Glück im Zentrum des Lebens weiß, gibt dem Körper, gibt allen Gefühlen und Wahrnehmungen, gibt den Geistesregungen und dem Bewusstsein eine sichere Heimat.

Wesentlich für eine Entschleunigung unseres Bewusstseins sind die Beschäftigung mit den Kernfragen unserer Existenz, die Entdeckung überzeugender Antworten, die Schaffung eines eigenen Weltbildes. Wenn sich die Geistesregungen mit Hilfe einer spirituellen Grundlage vom Zentrum her neu ordnen lassen, werden die Gedanken und Gefühle weniger Umwege nehmen. Auf diese Weise hat sich ein wesentlicher Bereich des Geistes stabilisiert.

Die Suche nach Weltbildern ist in der Menschheitsgeschichte ständig auf unterschiedlichen Ebenen vorangetrieben worden. Philosophien haben sich entwickelt, Religionen und Weisheitslehren. Und dank globaler Vernetzung stehen heute fast alle diese Überlegungen fast überall auf der Erde jederzeit zur Verfügung. Das Vorhandensein eines großen Angebotes an Weltbildern erfordert die Notwendigkeit einer Auswahl.

So schön und bereichernd es auch sein mag, dass den heutigen Menschen ein riesiges Spektrum an Denk- und Lebensorientierungen zur Verfügung steht – für das Bewusstsein bedeutet dies Mehrarbeit, denn es muss auswählen und sich entscheiden. Die Folge sind erhöhte Gedankentätigkeiten, das Abwägen von Alternativen und oftmals nicht zu Ende verfolgbare Erkenntnisse mit unbefriedigenden Ergebnissen, die zu Verdrängungen und weiteren Denkprozessen führen.

Ein Grund für viele Menschen, diesen Bereich zu ignorieren oder blind einer momentan vorherrschenden, materiell orientierten gesellschaftlichen Hauptströmung zu folgen, was kaum zu einer Beruhigung des Bewusstseins beiträgt. Im Gegenteil: Die Sprunghaftigkeit im Geist wird von einer Außenorientierung enorm erhöht, die wechselweise von kommerziellen und politischen Parametern bestimmt wird. Diese Mächte unterstützen es, dass möglichst viele Menschen auf einer oberflächlichen Ebene informiert und letztlich von der Suggestionskraft der Vielfalt der äußeren Erscheinungen gefangen sind. Auf diese Weise fehlen ihnen Vorstellungskraft und Motivation, die unheilsamen Aspekte dieser Haltung (Raubbau an der Natur, soziale Ungerechtigkeiten, Zerstörung kultureller Identitäten, Verlust von ethischen Grundwerten) wirklich ernst zu nehmen und sich für eine andere Welt zu engagieren.

Allerdings gibt es auch zahlreiche Menschen, die nicht bereit sind, vorgefertigte Weltbilder zu übernehmen. Wenn überhaupt, dann möchten sie sich schon selbst ein eigenes Bild von der Welt machen. Hier muss sich der Geist – abgesehen von der Auswahl – nun auch mit der Stimmigkeit dieser Zusammenstellung beschäftigen, was nicht gerade einfach ist, vor allem, weil viele dieser Suchenden daran interessiert sind, die spirituelle Grundlage ihres Daseins nicht oberflächlich zu gestalten. Sie möchten den Zustand und den Sinn ihres Lebens möglichst tief »ausleuchten«, und zwar ohne ideologische und religiöse Scheuklappen mit Hilfe des »gesunden Menschenverstandes«. Auch das erfordert eine nicht unerhebliche Anstrengung des Geistes.

Drei komprimiert dargestellte Anregungen sollen nun zeigen, dass es bei der Suche nach Weltbildern, die auf der Basis von Wandel und Zusammenhalt den Stellenwert von »Glück« einzuordnen versuchen, schon weitreichende Überlegungen und Erfahrungen gibt.

So sieht die alte chinesische »Lehre vom Dao« alle Phänomene auf ein unbeschreibbares »Eines« (»Dao«) zurückführbar und das wesentliche Ziel des Lebens darin, den Lauf der Dinge anzunehmen und sich in diesen Prozess einzufinden, also hinsichtlich der natürlichen Wandlungen des Daseins zu einem nicht-eingreifenden, absichtslosen Handeln zu gelangen. Dabei traut diese Lehre dem einzelnen Menschen zu, bei einer Selbstbetrachtung auf ganz selbstverständliche Weise das »Gute« zu entdecken und die Haltung zu entwickeln: »Was kann es Schöneres und im Grunde auch Leichteres und Ruhigeres geben als innerlich wach und überzeugt, also vorbehalt- und widerstandslos in den ununterbrochenen Fluss der ›Raumzeitwege‹ einzutauchen und von hier aus das Leben sich gestalten zu lassen?«

Auch die Lehre des Buddha möchte helfen, dass der Mensch auf seiner Suche nach innerer Befreiung die Ebene der Vorstellungen durchdringt und mit dem Urgrund des Seins, dem »Nirvana«, in Kontakt kommt. Auf dieser Ebene entlarven sich Anfang und Ende, Geburt und Tod, Beständigkeit und Unbeständigkeit, Selbst und Andere als bloße Fiktionen einer relativen Wirklichkeit. Die Erfahrung des nicht beschreibbaren »Nirvana« wirkt auf diese Weise in Richtung eines inneren Friedens, einer Befreiung von falschen und letztlich allen Vorstellungen und einem grundsätzlichen Gefühl von Glück. Der Kontakt mit dem Daseinsgrund und die dadurch erlebbare Ruhe und Sicherheit wird oft durch den Zusammenhang von Wellen und Wasser veranschaulicht. Auch wenn das Wasser der Ozeane sich immer wieder in Gestalt verschiedenartigster Wellen zeigt, so hört es dennoch niemals auf, Wasser zu sein.

Ein zeitgenössischer psychologischer Ansatz greift den Begriff »Fluss« auf und veranschaulicht das Gefühl des »Fließens« mit einer Strömung, in der sich alles leicht und mühelos bewegt. In einem Zustand vollkommener Konzentration auf eine Sache (z.B. durch Malen, Komponieren, Spielen oder Schreiben; letztlich aber auch beim Gehen, Stehen, Sitzen und Atmen) ist der Mensch zu Höchstleistungen fähig, die ihm gleichzeitig wenig Mühe machen. Neben der vollen Aufmerksamkeit und der Abwesenheit von Langeweile und Angst ist für dieses »Fließen« jedoch auch ein hohes Maß an Identifikation nötig. Motiviert von der reinen Freude am Tun in einem Zustand der Selbstvergessenheit ist ein vollständiges Aufgehen in jeder gerade anliegenden Aufgabe möglich. Frei von emotionaler Unruhe und einer irritierenden Gedankenfülle und ohne Blick auf Anerkennung oder Kritik von außen können sich die vielen innerlich schlummernden Fähigkeiten ohne störende Einflüsse und Widerstände ungehindert aus sich selbst heraus entfalten und zu faszinierenden Ergebnissen führen.

Selbst wenn die vorhandenen Philosophien noch besser durchdacht und die langerprobten Religionen noch zeitgemäßer interpretiert werden, und selbst wenn die Gen- und Gehirnforschung auch die letzte graue Zelle biochemisch analysiert hat – jeder Mensch muss das eigene Bewusstsein selbst entwickeln. Sorgenvolle Grübeleien über ungeklärte Sinn- und Lebensfragen verschwinden meines Erachtens auch nicht durch Glauben oder die Hoffnung auf Gnade durch eine fiktive Instanz. Um falsche Vorstellungen zu überwinden und eine innere Heimat zu finden ist eine von Übungen unterstützte eigene Erarbeitung notwendig. Allerdings gibt es für diese Zielsetzung keinen vorgegebenen Plan; schon gar nicht einen, der allen Menschen gleichermaßen hilft.

Vorbereitende und unterstützende Maßnahmen können und sollten jedoch beherzigt werden. Auf der theoretischen Ebene sind hier Fachbücher zur Bewusstseinsforschung ebenso zu nennen wie philosophische Klassiker und spirituelle Werke aus Ost und West. Sehr hilfreich ist der Kontakt zu Menschen, die sich regelmäßig der praktischen Entwicklung ihres Bewusstseins widmen und bereit sind, ihre Überlegungen und Erfahrungen mit anderen zu teilen. Ergiebig können Gespräche mit Lebensberatern der herkömmlichen Art (Pfarrer, Rabbi, Seelsorger) sein, mit Lehrenden aus fernöstlichen Traditionen (Zen-Meister, Dharma-Lehrende, Nonnen) oder Lebensberaterinnen mit modernem Hintergrund (Therapeutinnen, Psychologinnen, Mediatorinnen). Selbst Diskussionsgruppen an Volkshochschulen (oft mit dem Titel »Sokratisches Gespräch«) und anderen Bildungseinrichtungen können wichtige Anstöße für eine Sortierung des eigenen Weltbildes liefern.

Wenn es um die praktische Eigenaktivität geht, hat es mir sehr oft geholfen, Situationen zu schaffen, in denen ich »innerlich neben mich treten« kann. Viele Jahre war es sehr wirksam, ein Tagebuch zu führen, in dem wirklich alles in Worte gegossen wurde, was mir durch den Kopf ging. Es gab (und gibt) mir die Möglichkeit, mich selbst von außen, von einer »Meta-Ebene« aus, zu betrachten.

Mittlerweile unterstütze ich das Betreten dieser Meta-Ebene durch direkter spürbare Varianten, nämlich Entschleunigungsübungen wie »Acht mal acht«, Taijiquan und Meditation. Die auf diese Weise tendenziell herstellbare Stille erweist sich immer wieder als eine Art Offenbarung, in der Wortlosigkeit auf Vertrauen trifft und Mut sich mit Achtsamkeit paart. Mit etwas Geduld und Gelassenheit sortieren sich Irrwege dann wie von selbst aus. Gestärkt wird dabei unter anderem die Einsicht, dass Verstehen die Grundlage eines glücklichen Lebens ist, wobei sich zeigt, dass dieses Verständnis immer ein Zusammenspiel von Bewusstsein und Gefühlen sein, also von Herzen kommen muss.

Acht mal acht entschleunigte Bewegungen

Das Herz beruhigen

Schulterbreit stehend drehst du die Hände und hebst sie mit den Innenflächen voran schräg nach vorne zur Seite. In einem weiten Bogen steigen die gerundeten Arme bis auf Schulterhöhe. Auf dieser Höhe bleibend bewegen sich die Hände aufeinander zu, bis sich die Fingerspitzen fast berühren (Bild 1). Dabei hast du eingeatmet. Die Hände werden zur Brust herangeholt, drehen sich und sinken langsam nach unten (Bild 2). Ausatmen.

Du darfst beim Heben der Arme dein Gewicht in die Vorderfüße verlagern, bis deine Fersen den Bodenkontakt gerade so verlieren. Beim Ausatmen verteilt sich das Gewicht auf den ganzen Fuß.

Beim Heranholen der Hände darf ein Gefühl des »Einsammelns« entstehen. In deiner Vorstellung kannst du »einen Baum umarmen« oder das Gefühl unterstützen, wie sich dein Herz beruhigt.

Bild 1

Bild 2

Es gibt Wichtigeres im Leben als ständig dessen Geschwindigkeit zu erhöhen. …
Wenn dein Geist noch im Zustand von Verwirrung und Aufgeregtheit weilt, so ist dies kein Glück.
Dalai Lama

VI. Den privaten Alltag entschleunigen
Erstens kommt es anders …

Vor allem im privaten Alltag zeigen sich die vielgestaltigen Erscheinungsformen und Bewegungsmöglichkeiten des Lebens. Wer sich dieser Dynamik nicht stellt oder ihr eine unrealistische Perspektive gibt, wird leicht durch ein Gefühl des Getriebenseins beunruhigt und von der eigenen Anwesenheit als Mensch abgelenkt.

Während die bisherigen Ausführungen vorrangig die inneren Befindlichkeiten des Menschen hinsichtlich Eile und blinder Flecken zu beleuchten versuchten, werden sich die abschließenden drei Kapitel mehr den nach außen wirkenden Handlungen widmen, um sie auf die hinter ihnen liegenden Antriebskräfte zu beziehen.

Da alle Menschen einen Körper haben, zu Wahrnehmungen und Empfindungen fähig sind und geistig rege und bewusst sein können, lassen sich die Kapitel I bis V relativ leicht auf die ganze Menschheit anwenden. Wenn es jedoch um eine Entschleunigung des privaten Alltags, des Arbeitsbereichs (Kapitel VII) und der Mitwelt (VIII) geht, sind zahlreiche Differenzierungen nötig. Schließlich agieren ältere Menschen anders als junge, Arme nicht so wie Reiche und Männer anders als Frauen. Unterschiede gibt es auch zwischen allein oder in Familien lebenden Personen, zwischen Arbeitgebenden und Arbeitnehmenden, Schülerinnen und Rentnern, Gesunden und Kranken. Hinzu kommen regional, national und kulturell bedingte Ausprägungen.

Im Grunde handelt jeder Mensch in seinem Privat- und Arbeitsleben einzigartig. Deshalb müsste in Bezug auf Entschleunigung, Ausgeglichenheit und die Entwicklung von Glück eigentlich jede Person individuell beraten werden. Eindeutige Tipps zu geben ist schwierig, denn was für die Eine zu innerem Frieden führt, bringt den Anderen in Rage. Zudem erscheint es unmöglich, allgemeine Anregungen so zu formulieren, dass sich alle Menschen angesprochen fühlen. Der Aspekt »Entschleunigung« kann jedoch helfen, einige Ursachen und Beweggründe zu verdeutlichen, die dem Leben vieler Menschen einen oftmals allzu heftigen Schwung verpassen und zu einer dauerhaften körperlich-geistigen Erregung führen. Gleichzeitig können durch eine bewusste Verlangsamung viele Eigenschaften entdeckt und gestärkt werden, die für eine Milderung oder gar Überwindung eines hektischen Verhaltens nötig sind.

Voraussetzung für einen Erfolg dieser Vorgehensweise ist jedoch die Einsicht, dass das eigene Leben überhaupt beeinflusst oder sogar bestimmt ist von Phänomenen wie Gier, Gewinn und Geschwindigkeit und diese in ihrer unbewussten und damit ungebremsten Anwendung unheilsam sind und umgewandelt werden sollten.

Je konkreter aber die angeführten Beispiele sind, auf umso weniger Menschen lassen sie sich beziehen. Ins Blickfeld geraten sollen deshalb vorrangig die in den so genannten »westlich orientierten reichen Ländern« lebenden Menschen. Die meisten Menschen in den so genannten »Schwellenländern«, die zahllosen Armen, die mit weniger als zwei Dollar am Tag auskommen müssen und deren Leben vom ständigen Kampf um das Allernotwendigste geprägt ist, benötigen eine völlig andere Ansprache. Genau genommen richten sich die aus dem Aspekt »Entschleunigung« abgeleiteten Überlegungen und Empfehlungen, vor allem aber die konkreten Beispiele, überwiegend an die Menschen, deren materielle Grundbedürfnisse im Wesentlichen erfüllt sind.

Eigentlich sollten Menschen, deren Lebensgrundlagen gesichert sind, ausgeglichen und voller Freude und Dankbarkeit sein. Speziell in Europa, Amerika und Australien müssten die Menschen in den privaten Bereichen ihres Lebens frei von Sorgen sein und einen friedvollen und gelassenen Eindruck machen.

Dass dem nicht so ist, kann oft beobachtet werden. Denn das Glück des Menschen hängt nicht nur von materiellen Bedingungen ab, sondern von sozialen Kontakten und der inneren Einstellung zum Leben. Gemeinsame Erlebnisse und persönlicher Austausch bestimmen das Lebensgefühl auf vielen Ebenen. Sie finden in der Familie, im Freundes- und Bekanntenkreis, am Arbeitsplatz oder mit der Nachbarschaft statt. Und hier herrschen oft Egoismus, Konkurrenz und Vermeidungsverhalten, die sich in Unruhe, Unzufriedenheit und unüberlegten Reaktionen bemerkbar machen.

Was sind die Hintergründe dieser irritierenden Zustände im privaten Alltag? Und wie können sie mit Hilfe von entschleunigenden Maßnahmen bewältigt werden? Auch hier stellt sich heraus: Die Motive für Konflikte, Abgrenzungen und Verwirrungen sind sehr individuell und äußerst unterschiedlich.

Ich möchte lediglich zwei Eigenschaften auswählen, die viele Menschen unnötig auf Trab bringen und ihren Alltag mit Hast, Anspannung und Abgelenktsein, mit Angst, Ärger und Abneigung füllen: die allzu beharrliche Aufrechterhaltung eines »Status quo« und eine übertriebene Zielorientiertheit.

Eine der häufigsten Ursachen für einen Alltag, der sich vollgestopft und angestrengt anfühlt, ist das Bemühen, Veränderungen im Leben nicht oder (zu) spät zu akzeptieren und sich ihnen in mancherlei Arten entziehen zu wollen oder gar entgegenzustellen. Viele Menschen wehren sich gegen notwendige Umstellungen und Einschnitte und kämpfen mit aller Kraft für die Stabilisierung von Gewohnheiten, die als unhaltbar und falsch erkannt wurden. Dieses aufreibende und letztlich aussichtslose Festhalten überschreibe ich gern mit »einen überholten Status quo aufrechterhalten wollen«. Nicht wenige Menschen haben sich mit einer Lage arrangiert, die bequem aussieht, weil sie zur Gewohnheit geworden ist. Trotz aller Widrigkeiten soll sie so bleiben wie sie ist, weil sie kontrollier- und beherrschbarer zu sein scheint als ein neuer, Angst erregender Zustand. Doch das Beharren auf eine anachronistische Lebenslage führt zu einem hektischen und verkrampften Alltag, der oft verlogene und manchmal sogar erniedrigende Aktivitäten enthält.

Als geradezu klassische Beispiele können Ehen und Beziehungen gelten. Hier wird häufig nach außen eine Fassade gepflegt, die, weil sie nicht stimmig ist, auch nach innen hin verunsichernd wirkt. Manchmal ist die Phase der Verliebtheit schon längst vorbei, wird aber immer noch (vor-) gespielt. Und nicht selten kommt es zu Rollenverteilungen, die auf Kosten eines Partners gehen und nicht offen gesehen bzw. thematisiert werden – bis es einen Eklat gibt, dann aber meist zu spät ist, gemeinsam eine neue Ebene zu entwickeln. Dieser Knall kann als Beweis gelten, dass schon lange am wahren Zustand der Beziehung vorbeigelebt wurde, der bis dahin gepflegte Status quo auf einer halb bewussten Ebene also schon bekannt war und nur mit hohem psychischen Aufwand stabilisiert werden konnte.

Besonders betroffen von den aufregenden und beunruhigenden Prozessen, die das Festhalten an einen gegenwärtigen Zustand hervorruft, ist eine wahrscheinlich sehr große Gruppe von Menschen, die ich gern als »anonyme Hinausschieber« bezeichne (ich gehöre gelegentlich selbst dazu). Sie wissen meistens genau, dass eine bestimmte Entscheidung anliegt und unvermeidlich ist. Dennoch schieben sie einen Entschluss bis zum letztmöglichen Zeitpunkt vor sich her, verzögern ihn manchmal sogar so lange, bis er ihnen aus der Hand genommen wird. Auf diese Weise haben sie vor der Entscheidung mit einem inneren Zwiespalt zu kämpfen und anschließend mit den Zweifeln, die eine Fremdbestimmung hervorruft.

Im Idealfall sollten alle Entscheidungen wohl überlegt sein. Es ist nicht immer einfach, den richtigen Zeitpunkt zu finden; aber ein zu langes Hinausschieben (von den Betroffenen häufig als »offen halten« positiv gewertet) verstärkt sehr leicht solch unglücklich machende Empfindungen wie Ambivalenz, Druck und Verzweiflung. Der Kauf eines neuen Autos oder die Wahl des nächsten Urlaubsziels sind eher harmlose Beispiele. Problematischer ist da schon der Wechsel der Wohnung oder des Arbeitsplatzes. Als besonders nervenaufreibend erweisen sich Umstellungen im Beziehungsleben; vor allem, wenn eine offene und ehrliche Aussprache darüber nicht möglich ist oder scheint.

Um Veränderungen hinauszuschieben oder ganz zu vermeiden sind mit der Zeit immer mehr Bemühungen nötig, um die inneren und äußeren Widerstände zu ignorieren oder zu bekämpfen. Durch das allzu lange Verhindern von notwendigen Umstellungen entwickeln sich allmählich Sachzwänge und Verbindlichkeiten, die zu einem verbohrten und manchmal sonderbar erscheinenden Verhalten führen und Abgrenzung, Rückzug und Isolation zur Folge haben können. Unter diesen Umständen ist Beharrlichkeit nicht heilsam, sondern provoziert eine Verdichtung des Handelns und frisst auf diese Weise viel Energie durch eine

Erhöhung des inneren Drucks und der Geschwindigkeit der geistigen Prozesse. Loslassen kann als ein Akt der Entschleunigung gelten und entspannend wirken, also zu einem Gefühl der Ruhe und der Ausgeglichenheit führen. Bewusst beweglich sein ist nicht nur angenehmer und gesünder als abwarten und beständig bleiben, sondern auch wahrhaftiger und einfacher zu bewerkstelligen.

Vor diesem Hintergrund kann die Aufrechterhaltung eines Status quo auch als der Versuch gewertet werden, die grundsätzliche Unbeständigkeit und Wandlungsnotwendigkeit des Daseins nicht zur Kenntnis nehmen zu wollen. Außerdem wird auf diese Weise verhindert, dem eigenen Leben so etwas wie Tiefe zu geben, denn sobald diese erreicht wird, zeigen sich die Widersprüchlichkeiten dieser im Grunde falschen Lebenshaltung. Der Schritt zur Veränderung würde dann wahrscheinlicher werden.

Nur mit viel Verdrängung und Ablenkung ist es möglich, einen statischen und oberflächlichen Umgang mit den wirklichen Abläufen im Alltag aufrechtzuerhalten; doch irgendwann bricht jeder noch so mühsam stabilisierte Status quo zusammen. Eine Tatsache, die auch für ältere Menschen gilt. Bei ihnen kann die Verdrängung des bevorstehenden Todes zu Einsamkeit und Starrköpfigkeit führen. Anstatt sich den mit dem unvermeidlichen Tod zu erwartenden Verwandlungen zu stellen und dadurch die Angst vor ihnen zu mildern, ziehen sie sich zurück und versinken in eine Welt aus fest gefügten Gewohnheiten und Ansichten. Selbst wenn die Auswirkungen von Alterungs- und Krankheitszuständen nicht vorherseh- und kontrollierbar sind, ist für mich die Vermeidung einer Entwicklung in Richtung »Altersstarrsinn« eine wichtige Motivation, um mit Hilfe von meditativen Übungen die grundsätzliche Beweglichkeit nicht nur meines Körpers, sondern auch meines Geistes so weit wie möglich zu erhalten.

Denn Entschleunigung ist weit mehr, sie ist viel wirkungsvoller als eine bloße Verlangsamung. Der bewusste Umgang mit dem eigenen Lebenstempo fordert in allen auf diese Weise betrachteten Alltagsbereichen zu einer Transformation von Gewohnheiten auf. Statt sich in einen anstrengenden und letztlich aussichtslosen Kampf gegen den Fluss des Lebens zu begeben, entsteht die Einsicht in die Fähigkeit, sich diesem ständigen Wandel hinzugeben. Es gilt, den angemessenen Zeitpunkt für einen Veränderungsschub abzuwarten und zu nutzen.

Die Empfehlung »Loslassen statt festhalten« lässt sich auch auf eine andere, ebenfalls weit verbreitete menschliche Verhaltensweise übertragen. Unnötig aufreibend und anstrengend kann nämlich die Fixierung auf Pläne und Zielvorstellungen sein. Während bei der Aufrechterhaltung des Status quo der Wunsch nach Stabilität im Leben zu erhöhter innerer Arbeit und zu vielfältigen äußeren Aktivitäten führt, wirkt hier eine übertriebene Zukunftsorientiertheit in gleicher Weise und führt zu Anspannung und vermehrten psychischen Prozessen.

Viele Menschen möchten ihr Leben bewusst und zielstrebig gestalten, was sinnvoll, bereichernd und beruhigend sein kann. Dennoch können auch Rückwirkungen entstehen, die die Gegenwart nicht unbedingt mit einem Wohlgefühl füllen – im Gegenteil. Viele Zielvorgaben führen zu mehr Eile und einem Gefühl der Überlastung und Verzettelung.

Vor allem undurchdacht übernommene Perspektiven oder gar Utopien fordern viele Menschen dazu auf, sich zu verstellen. Indem sie von außen herangetragene Vorgaben übernehmen und zu eigenen Zielen erklären, beginnen sie, sich selbst und anderen etwas vorzumachen. Weil sie anders sein wollen als sie sind und sich auch so darzustellen versuchen, zwingen sie sich zu einem Schauspiel, das ihren Geist in Hochspannung versetzt.

Besonders deutlich ist dies bei vielen Jugendlichen. Obwohl sie gefühlsmäßig vollkommen aufgewühlt sind, geben sich Jungens gerne »cool«, was ihr Innenleben zusätzlich belastet. Anstatt sich ihrem wirklichen Zustand hinsichtlich Gefühlen, Wahrnehmungen und Geistesregungen zu stellen, wenden sie viel Fantasie und Energie auf, um diese Emotionen und Widersprüche zu verbergen. Sie tun »cool«, obwohl sie es nicht sind. Durch dieses »Sich Verstellen« wird die Arbeit des Geistes weiter erhöht bzw. beschleunigt. Aber auch Mädchen werden von diesem Phänomen oft gebeutelt. Bei ihnen wird diese Schauspielerei vielfach noch verstärkt durch das Bestreben, sich auch äußerlich umzugestalten. Mit viel Aufwand (Kleidung, Schminke oder Mimik) versuchen sie, Vorbilder nachzuahmen oder einem Modetrend zu folgen, was zu einer weiteren Steigerung ihrer geistigen und psychischen Anspannung führt.

Ergänzt wird diese Unruhe bei beiden Geschlechtern durch den oft sehr ausgeprägten Gruppendruck und die Gewohnheit, sich ständig mit anderen zu vergleichen. Hinzu kommt die Gedankenflut durch die ständige Beschäftigung mit der Frage: »Was denken die anderen über mich und mein Handeln?« Nicht unterschätzt werden dürfen deshalb auch die Auswirkungen der Angst, durchschaut zu werden. Hinter dieser Befürchtung verbirgt sich die Ahnung, dass irgendwann der meistens äußerst schmerzhafte Prozess auf sie zukommt, sich der eigenen Wahrheit nähern zu müssen; ein Phänomen, das z. B. in dem Film »American Beauty« sehr anschaulich und einfühlsam dargestellt worden ist.

Selbstverständlich gehören all diese Erfahrungen zu den entscheidenden Entwicklungsschritten von Jugendlichen, die ich weder abwerten noch in Frage stellen möchte. Vielmehr möchte ich auf den Einfluss von Verstellung und Nicht-Authentizität auf die Aktivitäten des Geistes hinweisen. Auch Erwachsene jagen Zielen und Träumen nach, hängen an den »Illusionen ihrer Kindheit« fest, spielen sich und anderen etwas vor und tun so, als wären sie anders als sie sind. Auch das ist zunächst einmal durchaus gut so wie es ist, selbst wenn »der Kopf brummt« von all den Vorgaben, die erreicht werden sollen. Keiner und keine sollte sich von außen dazu animieren lassen, eigene Träume zu verraten.

Hinterfragt werden sollte jedoch, auf welchen Annahmen diese Orientierungen beruhen, ob sie im Einklang mit der wirklichen eigenen Situation stehen und ob sie ein Leben ermöglichen, das auch auf einer tieferen Ebene glücklich ist. Das allzu starke Festhalten an unrealistischen Perspektiven fördert nicht nur die innere Hektik und damit ein Gefühl von Unruhe und Unzufriedenheit, sondern folgt auch oft dem Motto: »Glück? Glück? Glück? Alle rennen nach dem Glück. Das Glück rennt hinterher.«

Aber nicht nur der Umgang mit allgemeinen oder großen Zielen sorgt für eine Belastung des Körpers und des Kopfes. Schon der normale Lebensalltag kann dem Geist ganz schön einheizen. Für mich zeigte sich dieses Phänomen besonders intensiv während meiner Reisen durch mehrere asiatische Länder. Hier gelang es mir zwar bald, die große Reiseroute relativ offen zu halten. Zu schaffen machten mir jedoch die Tagespläne. Wenn ich mir morgens vornahm, wie ich den Tag verbringen wollte, kam regelmäßig etwas dazwischen. Mal verpasste ich einen Bus, dann war das angesteuerte Museum geschlossen, eine Verabredung wurde nicht eingehalten, die gewünschte Telefonverbindung kam nicht zustande. Jede der dadurch notwendigen Umstellungen wurde von einem ziemlichen Aufruhr in meiner Gefühlswelt begleitet, bis ich mich nach einer gewissen Zeit auf eine neuartige Grundhaltung besann: »Erstens kommt es anders als zweitens Manfred sich das gerade vorgenommen hatte.«

Dass das Leben letztlich nicht planbar ist, lässt sich besonders gut am Entwicklungsprozess von Kindern verdeutlichen. Kaum ist eine Stufe erreicht, wird sie von der nächsten abgelöst, manchmal innerhalb von wenigen Tagen. Wie ein Kind heranreift können wir weder kontrollieren noch absehen. Das gilt für die Reaktion auf die Geburt eines Geschwisterchens ebenso wie für den Einfluss des Kindergartens, der Lehrenden und der Schule, des Freundeskreises.

Unser Alltag enthält viele Anlässe, mit dem Geist in die Zukunft (und auch in die Vergangenheit) abzuschweifen und die Gegenwart mit Plänen, Träumen und Erinnerungen zu (über-) füllen. Schwieriger ist es allerdings, dieser Gewohnheit auf die Spur zu kommen und den Einfluss dieser Vorstellungen auf die Tätigkeit des Geistes zu vermindern. Mit ein paar kleinen Tricks lassen sich diese Fähigkeiten jedoch verbessern und verfeinern.

Als besonders Erfolg versprechend können Versuche gelten, »neben sich zu treten«, sich »von der Seite her« zu betrachten. Dies kann mit Hilfe eines Tagebuchs oder durch regelmäßiges Schreiben von ehrlichen Briefen an eine gute Freundin oder einen guten Freund geschehen. Eine offene und intensive Selbstbeobachtung lässt sich auch durch meditative Übungen erreichen, wenn das dabei praktizierte Anhalten durch ein genaues und in die Tiefe gehendes Hinschauen ergänzt wird.

Mir haben kleine Eskapaden immer wieder sehr geholfen, mein Festhalten an einem überholten Status quo zu erkennen oder meine Verbissenheit beim Erreichen von Zielen und Plänen zu entlarven. Aus einer gewissen Ferne auf mein Alltagsleben zu blicken verschafft mir einen inneren Abstand zu mir selbst. Ich kann mir meine Verhaltensmuster verdeutlichen und in einen »Dialog« mit mir selbst treten. Unabdingbar ist mir dabei ein Gefühl der Selbstbestimmung.

Kurze Ausflüge in eine ungewohnte, fremdartig anmutende Welt und die erlebbare Nähe zur Natur bringen mich in Kontakt mit meinen Wurzeln, meiner Verbundenheit mit der Erde und meiner Anwesenheit als Wesen in dieser Welt. Gespräche mit anderen Menschen geschehen in einer eigenartigen Mischung aus Intimität und Distanz. Diese Personen können nicht über meinen Alltag reden, da sie ihn meist nicht kennen. Stattdessen können sie mich als ganzen Menschen, als »Mensch-an-sich« ansprechen. Solche Gespräche sind in der Regel äußerst offenherzig und ungerichtet und folgen weder pädagogischen noch therapeutischen Zielsetzungen. Dieses Grundgefühl von Freiwilligkeit und Aufrichtigkeit ist für mich äußerst wichtig, wenn ich meine Gewohnheitsmuster nicht nur eigenständig entlarven, sondern auch annehmen und gegebenenfalls ändern möchte.

Unter dem Leitgedanken »Entschleunigung« möchte ich einen solchen Ausflug vorstellen und ihm den Titel »Bewusster Faultag« geben. Selbstverständlich benötigt so ein Faultag ein wenig Planung. Es darf nicht plötzlich etwas Notwendiges wie Essen, Trinken und Regenschutz fehlen. Vielleicht geht es im Sommer leichter als im Winter und draußen auf dem Land besser als in geschlossenen Räumen oder in der Stadt. Manche mögen lieber allein sein. Aber das sind Nebensächlichkeiten, denn entscheidend ist der Versuch, sich nichts oder wenig vorzunehmen. Auch Ablenkungsmöglichkeiten sollten vermieden werden: Kein besonders tolles Picknick, kein Krimi im Schatten eines Baumes, kein Formulieren eines lange hinausgezögerten Briefes. Wenn es überhaupt Absichten gibt, dann lieber Folgende: Bewusst eingeplante Langeweile, Phasen des »Einfach-so-Rumsitzens«, möglichst lange keine anderen Menschen treffen.

Wie wäre es mit einer Tour in die Berge? Beliebte Tourismus-Ziele sind unbedingt zu meiden. Ein abgelegener

Platz mit schöner Aussicht wäre passend. Eine kleine Sitzgelegenheit gehört dazu. Das Wichtigste ist jedoch das Nichtstun. Nur sitzen und nicht einmal warten. Nur schauen und erleben, was momentan geschieht. Und es wird viel geschehen. Insekten kommen und fliegen davon. Ameisen. Grashüpfer. Vielleicht sogar Frösche und ein Eichhörnchen. Vögel. Blüten wiegen sich im Wind. Wolken wandern. Die Sonne blendet. Regenwetter droht. Der Blick mag schweifen, aber er wird dies allmählich ruhiger tun. Und auf neue Entdeckungsreisen gehen. Die Struktur der Baumrinde in Bilder umwandeln. Die Farbenvielfalt des Grüns bewundern. Vielleicht gerät sogar der eigene Körper ins Feld der Wahrnehmung – die Atmung, die Wärme, die Haltung. Und nach einer langen Weile kommst du möglicherweise deinem eigenen Geist auf die Spur – den Gedanken und Gefühlen, den Wahrnehmungen und Überlegungen. So hast du auf natürliche Weise eine Meditation begonnen. Es schadet nicht, einen kleinen Zettel mit Stichworten zu füllen. Aber das sollte nicht das Ziel deines Faultages sein.

Auf meinem Stichwortzettel tauchen regelmäßig Wünsche auf wie »authentisch, präsent, wahrhaftig, integer, gelassener und glücklicher sein«. Oder auch Sätze wie »unabhängig und klar auf dem richtigen Weg sein und locker bleiben«. Wenn ich weit weg bin von meinen üblichen Lebensbereichen, wird mir leichter deutlich, was mir wirklich wichtig ist. Diesen Zustand der Selbstbetrachtung, diese gemütlich-sanfte Art der Selbstreflektion erreiche ich nur selten, wenn ich es eilig habe, hektisch bin und von Alltagsgewohnheiten überrollt werde oder mich zu sehr an Zielvorgaben orientiere.

Kürzere Varianten, um sich den eigenen Umgang mit der ununterbrochenen Dynamik und der ständigen Unbeständigkeit vor Augen zu führen, wurden schon unter dem Begriff »Meditation« vorgestellt. Interessant ist in diesem

Zusammenhang auch das japanische Bogenschießen. Mit dieser Praxis kann auf intensive Weise die tief verwurzelte Zielorientiertheit zugunsten einer überzeugend erlebbaren Absichtslosigkeit verlernt werden. Selbstverständlich eignen sich auch die »Acht mal acht Bewegungen« für einen kleinen Sprung aus dem schnellen und oft allzu zweckgerichteten Fluss des Tages. Und wer die Sylvesternacht in Stille statt mit Böllern verbringt, erlebt einen äußerst besinnlichen Start ins neue Jahr.

Sicherlich ist weder zu erwarten, dass sich die Erfahrungen mit diesen Methoden problemlos in den privaten Alltag übertragen lassen, noch dass durch solche Praktiken Gleichmut und Glück sofort zu den vorherrschenden Lebensgefühlen werden. Auf Dauer gesehen führt das beharrliche Üben des »Anhaltens und genau Hinschauens« jedoch mit Sicherheit zu einer präziseren Beobachtung der eigenen Wirklichkeit und wird eine Eigenschaft fördern, die ich mit »Geschmeidigkeit« überschreibe und am Beispiel des in China entwickelten Taijiquan veranschaulichen möchte, das im Laufe der Jahre zu meiner liebsten Entschleunigungs- und Entspannungspraxis geworden ist.

Die Bewegungen des Taijiquan (»Schattenboxen«) fühlen sich zunächst lediglich wie ein Training von bewusst verlangsamten Körperbewegungen an, entpuppen sich aber bald als das Einüben eines neuartigen Verhaltensmusters. Die Dynamik des Taijiquan zeichnet sich vor allem durch Aufgerichtetheit, Nachgiebigkeit und Elastizität aus. Gleichzeitig fördern diese Bewegungen die Stabilität des Körpers und das Handeln aus der eigenen Mitte. Sie sind so konzipiert, dass sie zu einer Harmonisierung von Gegensätzen führen, also dem Wechselspiel von voll und leer (Gewicht), heben und senken (Hände) und öffnen und schließen (Becken) nachgehen. Zugleich wird die Einheit des Körpers in der Bewegung und die Verbundenheit von Körper und Geist trainiert.

Wer eine in der Regel zehnminütige Sequenz des Taijiquan täglich praktiziert, wird sich regelmäßig sich selbst mit einer fast vollkommenen Aufmerksamkeit zuwenden. Denn ohne Aufmerksamkeit lassen sich die Bewegungen nicht durchführen. Allmählich wird das wissende Gefühl für die eigene Anwesenheit verstärkt, ergänzt um eine immer bewusster wahrgenommene körperliche Geschmeidigkeit. Diese Fähigkeit bleibt bald nicht mehr auf die Übezeit beschränkt, sondern wird im »realen Leben« spür- und abrufbar.

Auf diese Weise manifestiert sich auch der strategische Gehalt der Taiji-Bewegungen, die an einen »Kampf« mit einem unsichtbaren Partner (»Schatten«) erinnern. Diese imaginäre Kommunikation kann durch spezielle Übungen zu Zweit vertieft werden. Dabei wird die Geschmeidigkeit durch ständiges Kontakthalten und durch die Wahrnehmung des eigenen Zentrums und das des Partners bzw. der Partnerin trainiert sowie die augenblicksbezogene Konzentration durch ein Wechselspiel aus Zurückweichen und Nachfolgen, aus Stabilität und Nachgiebigkeit, aus Durchlässigkeit und Vorbeileiten verinnerlicht.

Wer das beim Üben erfahrene Grundgefühl aus Präsenz, Achtsamkeit, Zentriertheit und Beweglichkeit wertschätzen lernt, möchte diese Haltung gern auch woanders anwenden. Das dabei entwickelte neue Verständnis über den Zusammenklang von Weg und Ziel kann zu einer weiteren Basis und Motivation für eine Entschleunigungspraxis werden. Wer weniger auf das Spätere und mehr auf das Jetzige achtet, wird das Erleben von Freude und Ausgeglichenheit nicht so leicht mit Perspektiven verknüpfen (»Erst wenn ich dies und das erreicht habe, werde ich glücklich sein«), sondern diese Zustände in der Gegenwart finden und genießen wollen.

Um Missverständnisse zu vermeiden: Die durch die Praxis der Entschleunigung sich einstellenden Erfahrungen mit einem inneren Frieden und die Vermeidung eines Gefühls des Getriebenseins machen keineswegs träge. Auch das Erleben von Gelassenheit, das Hinterfragen von Wünschen sowie der Genuss des Lebens enden nicht in einem Gefühl von Antriebslosigkeit und Sattheit. Vielmehr führt das geschmeidige Einpassen in den Bewegungsfluss des Daseins zu einer Aktivität und Kreativität, die dem Leben bewusst zugewandt ist. Sie geht von dessen Dynamik aus und gewinnt damit jenes Maß an Natürlichkeit und Absichtslosigkeit zurück, das in Bezug auf Gemütlichkeit und Glück, Angemessenheit und Integrität, mitfühlende Anteilnahme und Großzügigkeit wesentlich wirkungsvoller agieren kann als ein Handeln, das sich durch Zielfixierung, Sehnsüchte, Hinausschiebstrategien usw. leicht in einen permanenten Kampf gegen die momentanen Gegebenheiten des Alltags verstrickt.

Vielleicht ist es dabei hilfreich, gelegentlich das folgende Lied zu summen: »Glücklichsein im Hier und Jetzt, frei von allen Sorgen. Nirgendwohin, nichts mehr zu tun, niemals mehr in Eile.« Allerdings sollte die zweite Strophe nicht vergessen werden: »Glücklichsein im Hier und Jetzt, frei von allen Sorgen. Irgendwohin, etwas zu tun, aber nie in Eile.«

Acht mal acht entschleunigte Bewegungen

Die Brust weiten

Du stehst weiterhin stabil in der Grundhaltung. Spüre die leicht gebeugten Knie.

Hebe deine Arme nach vorn bis auf Brusthöhe und drehe dabei die Hände so, dass die Innenflächen zueinander zeigen (Bild 1).

Ohne anzuhalten breitest du die Arme seitlich aus, bis sie (ohne Überdehnung) schon ein wenig nach hinten weisen (Bild 2). Dabei atmest du ein.

Mit der Ausatmung führst du die Hände wieder vor deinem Körper zusammen (Bild 1), drehst dann die Hände (nun Innenflächen nach unten) und lässt sie wieder neben den Körper sinken. Bitte sieben Mal wiederholen.

Wenn du dich an den zügigen Fluss der Armbewegungen gewöhnt hast, wirst du die Tiefe Deiner Einatmung spüren. Sei dir der Kraft deiner Brust und deiner weit geöffneten Lungen bewusst. Vergiss nicht, beim zweiten Teil der Übung intensiv auszuatmen.

Bild 1

Bild 2

Genau wie ich wirst du irgendwann einsehen,
dass es ein Unterschied ist,
ob man den Weg nur kennt oder ob man ihn beschreitet.
Laurence Fishburne als Morpheus im Film »Matrix I«

VII. Den Arbeitsbereich entschleunigen
Klar sein, integer handeln

Die zunehmende Verdichtung der Arbeit beruht nicht auf Naturgesetzen, sondern wird von Menschen verursacht. Die unheilsamen Auswirkungen sind nur durch eine aufrichtige und klare Analyse der Antriebskräfte zu überwinden. Für diesen Prozess kann Entschleunigung eine große Hilfe sein.

Gerade im Bereich »Arbeit« ist für viele Menschen das Phänomen »Mehr erreichen in kürzerer Zeit« eine Hauptursache für das Gefühl, überlastet und erschöpft zu sein. Sie sehen sich gezwungen, ständig mehr von ihrer Lebenskraft in diesen Daseinsbereich hineinzugeben. Ein Druck, der zu Verdichtung und Hast führt und nicht nur im öffentlichen Dienst aufzufinden ist, wo u. a. Lehrerinnen, Behördenangestellte und Müllarbeiter davon betroffen sind. Auch in der »freien« Wirtschaft und vor allem im Dienstleistungsbereich erhöht sich die Arbeitsintensität von einem Tarifvertrag zum nächsten.

Einerseits werden frei gewordene Arbeitsplätze immer seltener neu besetzt und die anstehende Arbeit wird lieber den Verbleibenden zugeteilt. Andererseits führen neue Geräte und Techniken zwar zu einer scheinbaren Erleichterung des Arbeitsablaufs, in der Folge jedoch fast immer zu einer Vervielfältigung der Aufgaben. Eine ehrliche Beobachtung und Beschreibung vieler Arbeitsplätze wirft dann nicht selten die Frage auf, wie ein Mensch diese Belastungen auf Dauer überhaupt gesund überstehen kann.

Überforderung und Unzufriedenheit sind überall in der Arbeitswelt aufzufinden, doch es ist kein Leichtes, angemessene Anregungen in Richtung Beruhigung und Erleichterung zu formulieren. Jeder konkrete Ratschlag bezieht sich – ähnlich wie bei der »Entschleunigung im privaten Alltag« – letztlich auf einzelne Menschen, deren individuelle Situation fast immer Gegebenheiten enthält, die konkrete Empfehlungen als unpassend erscheinen lassen. Eigentlich würde jeder Beruf und jede Tätigkeit und damit jeder und jede Arbeitende eine spezielle Ansprache erfordern. Insofern gilt auch hier die Empfehlung, den Zustand des eigenen Arbeitsplatzes genau zu betrachten und sich aus der Vielfalt von Anregungen (Arbeitspsychologie, Stressbewältigungs-Seminare, Gesundheit am Arbeitsplatz oder Ratgeber) das Passende herauszusuchen und kreativ umzusetzen.

Ohne eine Betrachtung der Ursachen für die zunehmenden Anforderungen während der Arbeit können nachhaltige Verbesserungen allerdings kaum erreicht werden. Deshalb sollen einige zentrale Antriebskräfte beschrieben werden, die diesen Druck mitverursachen und fördern. Möglicherweise kann dieses Vorgehen die Motivation verstärken, unangenehme Begleiterscheinungen des eigenen Berufslebens wie Eile, Hektik und Überlastung leichter zu erkennen, anders zu bewerten und womöglich zu überwinden.

Das Tun und Lassen von Menschen sollte von Verantwortung, Vernunft und Zukunftsfähigkeit, aber auch von Freundlichkeit, Gerechtigkeit und Freiheit bestimmt sein. Diese Kriterien sollten unausgesprochen ständig im Hinterkopf mitschwingen, wenn nun im Bereich »Arbeit« solche Prinzipien wie Maximierung, Effizienz und Vereinzelung entdeckt und dahingehend betrachtet werden, inwieweit sie zu Verdichtung, Eile und Abgrenzung führen.

Phänomene wie Maximierung (im Sinne von »immer mehr und größer)«, Effizienz (im Sinne von »immer schneller und wirksamer«) und Isolation (im Sinne von »immer spezieller und abgesonderter«) entstehen allerdings nicht aus sich selbst heraus, sondern beruhen auf Ursachen bzw. Energien, die äußerst differenziert und oft auf den unterschiedlichsten Ebenen gleichzeitig wirksam sind. Ich möchte drei zentrale Antriebskräfte der heutigen Arbeitswelt auswählen und ihrem beschleunigenden, Unruhe erzeugenden und Unachtsamkeit fördernden Einfluss nachgehen: Gier, Hass und Ablenkung.

1. Die ungeheure Bedeutung der Gier lässt sich durch einen Satz von Mahatma Gandhi veranschaulichen: »Die Welt hat genug für jedermanns Bedürfnisse, aber nicht genug für jedermanns Gier.« Diese Aussage fasst schon die unheilsame Problematik zusammen, die die heutigen Arbeitsverhältnisse charakterisiert. Gandhis Hinweis offenbart eine doppelte Unerfüllbarkeit. Einerseits wird sich ein von Gier bestimmtes Verlangen weder individuell noch gesellschaftlich jemals befriedigen lassen, sondern in seiner Unersättlichkeit ständig neu entstehen oder wachsen. Andererseits wird die Begrenztheit des Planeten Erde augenscheinlich. Niemals werden sieben Milliarden Menschen in materieller Hinsicht so leben können wie beispielsweise die Schweizer und Kanadierinnen. Trotz dieser perspektivischen Unmöglichkeit werden die heutigen Gesellschaften – ausgehend von den Bereichen Wirtschaft und Konsum – immer umfassender in Richtung dieser Utopie gedrängt und dabei vom Phänomen »Gier« regiert.

Das Gier-Prinzip ist zu einer Art Dogma, zu einem unhinterfragbaren Axiom, zu einer scheinbar alternativlosen Lebensgrundlage in fast allen Regionen der Erde geworden. »Ohne eine ununterbrochene Maximierung«, wird pausenlos behauptet, »werden die zentralen Pfeiler der modernen Gesellschaften einstürzen und Arbeitsplätze haufenweise verschwinden, wird Geld ohne Rendite bleiben und die Wirtschaft komplett zusammenbrechen, werden Armut und Krieg wieder zu alltäglichen Erscheinungen des Lebensalltags. Kurz gesagt: Ohne das Streben nach Mehrwert, ohne Wachstum und Beschleunigung wird der Untergang der menschlichen Zivilisation sofort und mit Sicherheit erfolgen.«

Diese Drohung führt zu einer enormen psychischen Belastung und inneren Unruhe. Und in manchen wächst die Befürchtung: »So wie zur Zeit kann und wird es nicht mehr lange weitergehen. Mit den heutigen Mitteln, Triebkräften und Zielvorstellungen kann diese Gesellschaft nicht mehr funktionieren – von der Zerstörung der Umwelt, den versiegenden Ressourcen oder den sozialen Ungerechtigkeiten ganz abgesehen. Der eingeschlagene Weg wird ein böses Ende nehmen, wenn nicht bald ein grundsätzlicher Wandel bewerkstelligt wird.«

Mit dem in beiden Richtungen als bedrohlich empfundenen Widerspruch (»Es kann nicht so weitergehen, aber wenn sich was ändert, gibt es ein Desaster«) wird das in vielen Menschen schlummernde Wissen unterdrückt, dass sich hinter allen derzeit spürbar werdenden Beschleunigungen und Verdichtungen keineswegs Sachzwänge und Naturgesetze verbergen, sondern Menschen mit ihren Sehnsüchten und Entscheidungen. So ist auch die Gier mit all ihren Erscheinungsformen lediglich eine menschliche Verhaltensweise. Sie kann verändert, kann ersetzt werden. Gerade das halb bewusste Ahnen und die zur gleichen Zeit suggerierte Ausweglosigkeit dieser Situation setzen zahlreiche ungesunde psychische Prozesse in Gang (Nervosität, Angst, Verdrängung, Resignation, Erschöpfungssyndrome, Panikattacken, Depression, Vereinsamung).

Diese Belastung ergibt sich auch deshalb, weil es nicht einfach ist, Ansatzpunkte für neue Orientierungen zu finden, denn diese müssen auf tiefen Ebenen ansetzen. Wer nicht gelegentlich anhält und genau hinschaut, wer die zur Zeit vorherrschenden Triebkräfte wie Gier, Hass und Ablenkung nur oberflächlich betrachtet, wird von der Kraft der vermeintlichen Sachzwänge und den vorherrschenden Zielvorgaben schnell überrollt und verliert leicht den Kontakt zu den eigenen Einsichten und damit den nötigen Mut und den inneren Frieden.

In den vergangenen Jahrzehnten haben Rationalisierung und Kommerzialisierung so gut wie alle Bereiche des menschlichen Zusammenlebens erreicht, mit teils gravierenden Folgen. Die Auswüchse dieser Entwicklungen sind überall und jederzeit zu erkennen, doch nur wenige schauen oder hören genau hin. Wer wagt es schon, am Arbeitsplatz über Achtsamkeit und Mitgefühl zu sprechen, den Sinn der Arbeit zu hinterfragen oder den Wunsch nach einer Entschleunigung zu äußern oder gar zu fordern? Maschinen sind in allen Bereichen unseres Lebens eine große Hilfe, doch niemals würden sie auf die Idee kommen, gierig zu sein und alles Mögliche schneller und effizienter zu machen. Eingesetzt und bedient werden sie von Menschen. Auch alle anderen sichtbaren Steigerungen werden von vielen einzelnen Menschen vorangetrieben – sei es die unaufhörliche Erhöhung des pro Person zur Verfügung stehenden Wohnraums, die Anzahl der Fernsehprogramme, die Menge des sekundenschnell und unkontrolliert den Globus umkreisenden Geldes, die zunehmende Bodenversiegelung, der Energieverbrauch, der ständig steigende Reichtum einer Minderheit.

Das herrschende Prinzip der Maximierung bezieht sich heute auf fast alle Bereiche des Lebens, doch wenn es sich weiterhin ungebremst austoben darf, gerät es an ein Ende, in eine Sackgasse. Solange diese Tatsache nicht allgemein und offen diskutabel wird, werden Unklar- und Unsicherheiten hinsichtlich der Zukunft den Geist und die Gefühle der Menschen aufwühlen, sie in ihrem Innersten zweifeln lassen und damit latent unglücklich machen.

2. Die Gier bzw. das Gewinnprinzip als zentraler Aspekt der heutigen Arbeits- und Wirtschaftsbeziehungen hat eine Kehrseite, nämlich den »Hass«. Dieser kurze und etwas provozierend gewählte Begriff soll darauf hinweisen, dass die zeitgenössischen ökonomischen Umgangsformen keinem Naturgesetz entspringen, sondern von Menschen geschaffen worden sind. Gebräuchlicher und wohl auch angemessener und anschaulicher ist der Ausdruck »Konkurrenz«.

Dementsprechend rangiert vor allem in den Bereichen Arbeit und Wirtschaft das Gegen- vor dem Miteinander. Auf diese Weise können äußerst unerfreuliche Auseinandersetzungen mit vielen leidvollen Folgen entstehen.

Nach außen zeigen sich die schlimmen Auswirkungen des Konkurrenzverhaltens als Rangeleien um Arbeitsplätze bis hin zu Korruption und Mobbing, als Kampf um Märkte und Marktanteile im Zuge einer Globalisierung der Produktion, als Rücksichtslosigkeit gegenüber der Umwelt und als Ignoranz hinsichtlich der Zukunft der Menschheit. Als Höhepunkt der Anpassung an die Vorgaben der beschleunigten ökonomischen Kreisläufe kann die Forderung nach noch flexibleren Menschen gelten, die für ein wenig Arbeit und Verdienst wie Nomaden leben und um die Welt fliegen sollen.

Das Konkurrenzgebaren wirkt allerdings auch weit in den privaten Bereich hinein und fördert dort Egoismus, Neid, Misstrauen und Kampfbereitschaft. Letztere wird motiviert durch Wünsche nach Übertrumpfen, Besiegen und Erniedrigen und führt zu Abgrenzungen und Rachegefühlen. Hinzu kommt die Tendenz, den Kontakt zu anderen Menschen unter dem Gesichtspunkt eines Warenaustauschs zu sehen nach dem Motto: »Was kriege ich zurück, wenn ich etwas gebe?«. Hilfe wird zum Kostenfaktor, Mitgefühl erwartet Gegenleistung und Fehler führen zu Vorwürfen und Isolation.

3. Diese Grundhaltungen erschweren das Zusammenleben von Menschen enorm und machen die Pflege von Beziehungen anstrengend. Verheerend wirkt vor allem die Gewohnheit der »Ablenkung«, weil sie selten als solche erkannt und dann oft als belanglos und unschädlich abgetan wird. Unter »Ablenkung« wird hier eine Mischung aus Nicht-Wissen und Nicht-Wahrhaben-Wollen, aus Vermeidung und Verdrängung, aus Wegschauen und Übertragung (auf andere) verstanden. Diese Phänomene lassen sich sehr gut am Zusammenspiel von Konsumwünschen und der für ihre Erfüllung notwendigen Arbeit verdeutlichen.

Die Skala für die Produktion von Wünschen ist nach oben hin offen, denn so gut wie jeder Mensch möchte in einem Schloss leben oder träumt von einer eigenen Insel – und fast alle wollen im Lotto gewinnen. Nicht die Erfüllung von Bedürfnissen, sondern Konsumwünsche bilden das eigentliche Motiv, um zu arbeiten.

Diesem Zusammenhang und diesem Streben grundsätzlich zu widersprechen dürfte weder ratsam noch weise sein. Doch möchte ich auf einige merkwürdige Erscheinungen hinweisen. Indem sich Konsumierende über den Besitz von Waren definieren, werden sie von ihrer Präsenz abgelenkt. Sie geraten in ein Spannungsverhältnis, das aus dem Festhalten an diesen Dingen und deren Erhaltung und Vermehrung entsteht und sie permanent auf Trab bringt. Die Einschätzung »Denke nicht – konsumiere« zeigt dann auf, dass kaum noch gesehen wird, was in diesen Gütern an Arbeitskraft und Schweiß, an Ausbeutung und Umweltschädigung steckt.

Darüber hinaus ist es gegenwärtig zu einer derartigen Hochschätzung von Wünschen gekommen, dass immer häufiger die Haltung »Hauptsache Arbeit – egal was ich da machen muss« entsteht. An eine Identifikation mit der Arbeit oder den Arbeitsergebnissen wird oft gar nicht mehr gedacht. Lärm und Hast, Ausbeutung und Entfremdung werden als gegeben hingenommen. Vor allem aber werden die schädlichen Auswirkungen ausgeblendet, sowohl in ökologischer als auch in sozialer Hinsicht.

Besonders in Schwung gebracht wird der Geist vieler Menschen durch die Aufgabe, die eigene Beteiligung an dieser unheilvollen Entwicklung zu leugnen. Viele halten sich für zufrieden und ruhig und keineswegs für eilig oder von irgendeiner Art »Gier« angetrieben. Für sie sind es immer nur die »Anderen«, die gierig und fehlgeleitet sind, die hassen und fehlleiten, die abgelenkt und blind sind: Die Bonzen, die Reichen, die Politikerinnen, die Männer, die Globalisierer, die USA. Nur wenige fassen sich an die eigene Nase und analysieren ihr unstetes Leben oder ihre Sehnsucht nach immer mehr. Wer fühlt sich denn auf der linken Spur der Autobahn besonders unwohl oder kritisiert sich dafür, unliebsame Konkurrenten zu übertrumpfen? Wer findet es denn schon schlimm, sich auf die Suche nach der höchstmöglichen Rendite für das Ersparte zu machen? Wer missbilligt den eigenen Drang, das Billigste zu kaufen, selbst wenn sicher sein muss, dass dieser Preis nur durch niedrige Löhne, Rücksichtslosigkeit gegenüber der Umwelt und geringe Sozialabgaben möglich ist? Nur eine winzige Minderheit steigt vom Auto aufs Fahrrad um, verkleinert den zur Verfügung stehenden Wohnraum, vermeidet bewusst Reisen mit dem Flugzeug oder pflegt einen von Verständnis und Mitgefühl geprägten Umgang mit Konkurrierenden.

Wer ehrlich und wach betrachtet, was die eigenen Tätigkeiten bewirken, müsste eine Menge Lebensgewohnheiten einstellen. Exemplarisch für eine solche realistische Sichtweise kann eine Berechnung und Veranschaulichung des Energieverbrauchs durch einen einzelnen Menschen sein. Wie viel Energie benötigt etwa ein Mensch in den USA, um einen Tag zu gestalten? Duschen, Kochen, Wohnen, Heizen, Autofahren, Fliegen, Arbeiten, Fernsehen, Telefonieren, Essengehen, Feiern usw. lassen sich hinsichtlich des dafür nötigen Verbrauchs an Brennstoffen und Elektrizität untersuchen. Das Ergebnis, in Erdöl-Einheiten umgerechnet: Um diesen als schön und erfüllt empfundenen, aber vollgepackten und rastlosen Tag zu ermöglichen, ist eine Badewanne voll Öl (cirka 80 Liter) nötig. Interessant ist dabei die Hochrechnung, dass die Menschheit zur Zeit jeden Tag eine Menge an fossilen Brennstoffen verheizt, für die die Erde 1000 Jahre benötigt hat, um sie mit Hilfe der Sonnenenergie zu speichern.

Durch das Ausblenden der eigenen Beteiligung an dieser Entwicklung verstärken sich Egoismus, Missgunst, Entfremdung und Vereinzelung. Hier liegen auch die Ursachen für innere Zweifel und einen unruhigen Geist, denn dieser bemerkt auf einer unbewussten Ebene die Widersprüchlichkeit eines solchen Handelns, spürt das Fehlen von Achtsamkeit, Integrität und Aufrichtigkeit. Zu schaffen macht auch die Oberflächlichkeit des Glücksempfindens, das mit der Erfüllung von Konsumwünschen einhergeht. Nicht nur kleine Kinder verlieren leicht den Bezug zur unüberschaubaren Menge ihres Spielzeugs. Auch Erwachsenen ist folgende Empfindung nicht unbekannt: »Schon drei Tage, nachdem mein Traumauto vor der Tür stand, konnte ich mich gar nicht mehr richtig darüber freuen.«

Die vielen Dinge machen arm – an Zeit und an Lebenstiefe. Zu einer solchen Einsicht ist fast jeder und jede schon einmal gekommen. Dennoch gelingt es nur wenigen, aus dieser Erkenntnis Konsequenzen zu ziehen, vor allem nicht in ihrer von Arbeit geprägten Lebensphase. Selbst mancher Pensionär oder Rentner ist nicht in der Lage, das Gefühl von Zeitknappheit zu verlieren und eine grundlegende Zufriedenheit zu erreichen. Viele verausgaben sich in neuen Sehnsüchten und Beschäftigungen; andere finden ihre Unzufriedenheit in der Beschränkung, indem sie vereinsamen oder geistig eng, von Bitterkeit erfüllt und träge werden.

Wenn materielle Wünsche und »egal welche« Arbeit zu Prioritäten der Lebens- und Alltagsplanung werden, verschlingen sie viel Zeit und Kraft. Wenn eine innere Übereinstimmung mit der ausgeübten Tätigkeit nicht möglich ist, sondern eine entfremdende Distanz besteht (»Ist ja nur ein Job«), kann dies geistig nur durch eine Haltung der Ablenkung bewältigt werden. Die gleiche Einstellung ergibt sich daheim und in der Freizeit, wenn die Arbeit zu einem Zustand der Erschöpfung geführt hat. Glücksgefühle werden mangels Energie in Ablenkungen gesucht, die vor allem der Konsum zu bieten scheint (Fernsehen, Alkohol, Reisen). Auch kulturelle Ereignisse (Musik, Feste oder Politik) werden in der Regel nur konsumiert; nur wenige Menschen sind bereit, selbst aktiv und schöpferisch zu sein.

Zeitgewinn durch Halbtagsstellen (in den Niederlanden sehr beliebt) ist ein Schritt in die empfohlene Richtung. Solche Angebote werden aber von Männern kaum angenommen. Arbeitszeitverkürzungen provozieren in der Regel nur eine weitere Verdichtung, denn das wahre Motiv ist die Senkung der Lohnkosten, was nur durch eine Produktivitätssteigerung möglich scheint. Und ein Wechsel des Arbeitsplatzes führt oftmals nur vom Regen in die Traufe. Insgesamt erhöht sich auf diese Weise lediglich der Abstand zwischen denen, die mehr arbeiten müssen als ihnen gut tut, und denen, die weniger arbeiten dürfen als sie wollen. Und in beiden Gruppierungen fühlen sich viele Menschen fehlgeleitet und nicht wohl in ihrer Haut.

Besondere Beachtung verdienen deshalb Arbeitslose. Eigentlich könnten sie ein Leben ohne Eile und Ablenkung, ja sogar ohne Gier und Abneigung führen. Von außen betrachtet scheinen sie jedenfalls Zeit gewonnen zu haben, schaffen es aber nicht, diesen Raum kreativ und befriedigend zu füllen. Die Meisten bleiben einer Fixierung auf materielle Wünsche verhaftet und befreien sich auch nicht von der Gewohnheit des Vergleichens, das sich in der Regel ebenfalls auf materielle Unterschiede bezieht. Dadurch öffnet sich die Tür zur Selbsteinschätzung, minderwertig zu sein und versagt zu haben. Die Folge ist häufig eine von Depressionen und Aggressionen geprägte Lebenshaltung.

Noch aus einem anderen Grund verdienen Arbeitslose besondere Beachtung. Sollte die Globalisierung im Bereich der Wirtschaft (insbesondere hinsichtlich Technisierung, Rationalisierung und Monopolisierung) noch einige Jahre ungebremst weitergehen, werden beschäftigungslose Menschen auch in den reichen Regionen der Welt die Mehrheit der arbeitsfähigen Bevölkerung stellen. Es ist ein Trugschluss zu glauben, durch eine Erhöhung der Produktivität würden auf Dauer mehr Arbeitsmöglichkeiten geschaffen. Im Gegenteil: Für die Herstellung und Verteilung aller produzierten Güter und Waren werden unter den offenbar angestrebten Bedingungen schon bald lediglich 20 Prozent der zur Verfügung stehenden Arbeitskräfte benötigt.

Mittelfristig werden sich die Rahmenbedingungen für Arbeit und Wirtschaft grundlegend wandeln. Gewohnheiten wie das Delegieren von Arbeit an Maschinen, der unbedingte Vorrang von Effizienz und Rationalisierung, die überwiegend wirtschaftlich motivierte Globalisierung, das Gier- und Konkurrenz-Prinzip, das Ausblenden der Begrenztheit des Planeten Erde werden nicht mehr lange Grundlagen und Triebkräfte des gesellschaftlichen Fortschritts sein können.

Überbevölkerung, erschöpfte Vorräte an fossilen Brennstoffen, Klimawandel, Mangel an fruchtbarem Boden oder Wasserknappheit werden über kurz oder lang zu neuen Rahmenbedingungen führen. Unterschätzt wird auch die Fragilität der internationalen Finanzmärkte, die auf eine uneingeschränkte Vermehrung des frei zirkulierenden Geldes angewiesen sind; ein Zustand, der nur zügellos, unkontrolliert und anonym möglich zu sein scheint. Schon die kleinste Fessel (z. B. die vielfach geforderte Einführung der so genannten Tobin-Steuer) könnte zu einem weitgehenden Zusammenbruch dieses Systems führen mit unabsehbaren Folgen für viele Lebensbereiche.

All diese Entwicklungen werden von vielen geahnt und gefürchtet. Und auf mittlere Sicht gibt es für Politik und Gesellschaft keine wichtigere Aufgabe, als sich auf diese Wende einzustellen. Eine Vorbereitung darauf geschieht am besten durch eine unvoreingenommene Betrachtung des Ist-Zustandes inklusive der Einbeziehung zukünftiger Entwicklungen. Vielleicht sollte dabei ähnlich verfahren werden wie bei den Hopi-Indianerinnen und -Indianern Nordamerikas, die jede wichtige Entscheidung dahingehend überprüften, welche Auswirkung sie auf das Wohlergehen der siebten nachfolgenden Generation haben würde.

Für eine kritisch-wache Analyse der Lage der Menschheit ist Entschleunigung heute fast schon Voraussetzung. Denn nur wer abbremst, wer »anhält«, ist zu einer von Gelassenheit und Übersicht geprägten umfassenden Betrachtung der Wirklichkeit in der Lage und kann mit Bedacht Probleme erfassen und Lösungen vorschlagen und umsetzen. Dadurch könnte das sich vorherrschende Empfinden auflösen, von Sachzwängen und Dogmen vorangepeitscht zu werden, zugunsten einer Klarheit, die die in vielen Menschen spürbare Unsicherheit und Verdrossenheit in einen offenen und aufrechten Gang verwandelt. Derart innerlich stabilisierte und aufrichtige Menschen werden ganzheitlich denken, Gleichgesinnte suchen und finden und sich gegenseitig unterstützen können. Sie werden allmählich in der Lage sein, sich selbst und andere aus jeder Art von Sackgasse hinauszumanövrieren. Das wissende Gefühl, bewusst und integer, also wach und frei auf dem richtigen Weg zu sein, wird ihnen dabei helfen.

Acht mal acht entschleunigte Bewegungen

Freude aufnehmen

Mit der Einatmung hebst du deine linke Hand und legst sie sanft vor deine rechte Schulter (Schlüsselbein). Gleichzeitig hast du deinen rechten Arm schulterhoch zur Seite gehoben; die Handinnenflächen zeigen nach vorn (Bild 1).

Mit der Ausatmung bewegt sich dein rechter Arm in einem weiten Bogen nach vorn, bis er im Ellbogengelenk beugt und sich die geöffnete rechte Hand vor deine linke Schulter (Schlüsselbein) legt. Währenddessen hat sich deine linke Hand von der Schulter gelöst und der Arm ist zur linken Seite hinausgewandert (Schulterhöhe; Bild 2).

Im Wechsel wird diese Übung sechs Mal wiederholt. Mit der letzten (achten) Ausatmung löst sich die linke Hand von der Schulter und im Gleichklang mit dem rechten Arm sinken beide Arme zurück in die Ausgangshaltung.

Die Intensität dieser Übung lässt sich leicht erhöhen:

a. Probiere während der Bewegung eine leichte Hüftdrehung.

b. Sinke während der Übung etwas tiefer ein (in den Knien und im Hüftbereich; der Rücken bleibt möglichst vertikal).

c. Verlagere mit dem Schwung des linken Arms das Gewicht von links nach rechts (und umgekehrt; Bild 3).

d. Die Verlagerung des Gewichts kann auch über den Vorderfuß, den Außenrist und die Ferse in Form einer »liegenden Acht« erfolgen (Bild 4). Versuche die Bewegung von deinem Zentrum (Bauchbereich) her erfolgen zu lassen.

Wenn du einen gleichmäßigen Rhythmus gefunden hast, gefällt dir diese Übung vielleicht besonders gut. Dann kannst du sie gern 16 oder gar 32 Mal wiederholen oder sie als Einzelübung praktizieren. Selbstverständlich kannst du jede Bewegung des Armes mit der Vorstellung verknüpfen, du würdest dir alle Freude dieser Welt zuführen.

Bild 1

Bild 2

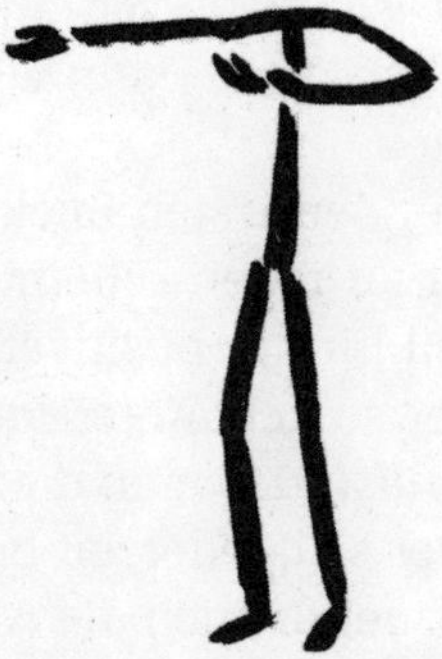

Bild 3

Bild 4

Es geht nicht nur um dein Leben,
sondern ob es ein Leben ist.
Die Söhne Mannheims in ihrem Song »Mein Leben«

VIII. Die Mitwelt entschleunigen
Das, was ist, und das, was es bedeutet

Eine Gesellschaft, die zu Eile und Vereinzelung auffordert, wird sich nur wandeln, wenn ihre Mitglieder dies wünschen. Wache, präsente und integre Menschen, die sich auf unserem Planeten Erde vollkommen heimisch fühlen, können diese Entwicklung mit der Haltung »Für mich ist für andere ist für mich« fördern.

Schon seit rund 2500 Jahren wird in Asien eine Geschichte über zwei Artisten erzählt. Der Eine trägt eine hochragende, lange Stange, an der sich der Andere oben frei schwebend festhält. »Das Beste ist«, so der unten stehende Träger, »wenn ich zu dir hochschaue und auf dich aufpasse, damit du nicht herunterfällst.« – »Oh nein, so funktioniert das nicht!«, ruft daraufhin sein in der Höhe balancierender Kollege. »Das Beste ist, wenn ich auf mich aufpasse, und du kümmerst dich um dich. Dann wird uns beiden nichts Schlimmes geschehen.«

Auch wenn diese Geschichte auf den ersten Blick einem ungezügelten Egoismus das Wort zu reden scheint, weist sie doch auf das genaue Gegenteil hin. In positiver Weise formuliert sie das Gleiche wie der so genannte »kategorische Imperativ«: »Was du nicht willst, das man dir tu, das füg auch keinem Anderen zu.« Wer sich jederzeit bemüht, das Beste für sich zu tun, wird immerzu auch die Anderen mit einbeziehen, denn das Wohlbefinden der Anderen ist die Grundlage des eigenen Glücks.

Diese Haltung klingt einsichtig und nachahmenswert. Und die meisten Menschen sind sogar davon überzeugt, in diesem Sinne zu handeln. Doch wäre dem tatsächlich so, dürfte es nicht dermaßen viel Leid und Probleme in allen Lebensbereichen geben. Armut, Kriege und Unrecht auf globaler und regionaler Ebene, Familienzerwürfnisse, Nachbarschaftskonflikte oder rechtliche Auseinandersetzungen – all diese Schattenseiten des Lebens vertragen sich weder mit dem »kategorischen Imperativ« noch mit der Maxime der beiden Artisten. Hinzu kommen die Schwierigkeiten, die viele Menschen mit sich selbst haben, wovon überfüllte Nervenkliniken ebenso zeugen wie häufig in Anspruch genommene Psychotherapie-Angebote.

Sicherlich ist es zu einfach, die Ursachen dieser Phänomene ausschließlich in einem verdeckt agierenden, überzogenen Egoismus zu suchen. Dieser führt zwar – wie im Kapitel VII gezeigt – zu verschiedenen unheilsamen Folgen. Seine Überwindung muss jedoch von weiteren Einsichten begleitet und unterstützt werden.

Echte Offenbarungen ergeben sich manchmal, wenn es durch Katastrophen zu Engpässen bei der Befriedigung von Grundbedürfnissen kommt. Die Oderflut im August 2002, das Seebeben in Südasien Ende 2004 oder auch ein Blick in die Nachkriegszeit belegen, dass es in solchen Situationen schnell zu intensivem Mitgefühl, zu Großzügigkeit und gegenseitiger Hilfe kommen kann. Wer so etwas erlebt oder beobachtet hat, fragt sich, warum diese Art Solidarität nicht zum Dauerzustand wird oder sich auf andere Daseinsbereiche übertragen lässt. Es scheint, als sei der Kampf um Glück und Freude erst dann von Leid und Egoismus geprägt, wenn unsere Lebensbasis abgesichert ist.

Mit einer Betrachtung, die auf der Oberfläche bleibt, ist der Widersprüchlichkeit solcher Vorkommnisse nicht beizukommen. Eine Analyse der Ursachen für unheilsame egoistische Gewohnheiten und deren mögliche Umwandlung muss tiefer ansetzen, ist jedoch ohne eine bewusste Entschleunigung kaum möglich.

Fatal wäre es jedoch, mit diesem Abbremsen erst dann zu beginnen, wenn es Druck von außen gibt. Die »Erziehung durch Katastrophen« mag zwar kurzzeitig wirkungsvoll sein, wird jedoch kaum Freiheit, Aufrichtigkeit und Stabilität bei der Entwicklung von Einsichten fördern. Einsichten werden dann eher als Reaktionen auf Sachzwänge erlebt, mit der Folge, dass, sobald die Sachzwänge überwunden sind, auch die Einsicht verschwindet.

Das Anhalten und genaue Hinschauen sollte im ganz normalen Leben erfolgen. Dieses Handeln ist nicht delegierbar, aber eine Inanspruchnahme von Hilfe von außen ist sehr zu empfehlen. Schon viele Menschen haben sich mit Meditation, Tiefenschau und Philosophie beschäftigt. Von ihren Erfahrungen und ihrer Weisheit zu lernen sollte selbstverständlich sein. Doch dies kann nicht die eigene Praxis und den Versuch ersetzen, die dabei gemachten Erfahrungen und Einblicke im Alltag anzuwenden.

Auch hier ist Entschleunigung nur als erster Schritt zu verstehen, liegt doch ihr Ziel nicht in einer einfachen Verlangsamung von Gewohnheiten. Viel wichtiger ist die Suche nach einer Antwort auf die Frage, was alles in den Fokus einer derart beruhigten aufmerksamen Betrachtung gerät. Einige der individuellen Felder wurden bereits beschrieben. Es fehlt noch »ein Blick aufs Ganze«: Ein bewusster Umgang mit der Eigenzeit schließt einen bewussten Umgang mit der Welt und dem Leben ein.

Ein Beispiel aus einem Seminar über Zeitmanagement soll die Bedeutung dieser Sicht veranschaulichen. Den Teilnehmenden wird eine große Vase aus Glas gezeigt, die zunächst mit wenigen dicken Steinen bis über den Rand hinaus gefüllt wird. Auf die Frage: »Ist die Vase voll?« wird häufig mit »Ja« geantwortet. Daraufhin wird ein versteckt gehaltener Eimer mit Kieselsteinen hervorgezaubert; diese werden in die Vase gekippt und in die Lücken zwischen den großen Steinen gerüttelt. Anschließend bezweifeln die meisten, dass die Vase jetzt ausgefüllt ist. Tatsächlich lässt sich auch noch ein Sack Sand unterbringen. Die Antwort auf die erneute Frage »Ist die Vase nun voll?« lautet in der Regel »Nein«. Und wirklich: Es ist noch Platz für einen Krug Wasser.

Vermeintliche Zeitexpertinnen und -manager deuten dieses Beispiel oft mit einem Blick auf ihren Terminkalender. Egal wie voll dieser ist – es scheint sich immer noch etwas unterbringen zu lassen. Doch die Moral der Geschichte ist eher eine andere: Wer es versäumt, die Vase zunächst mit den dicken Steinen zu füllen, hat später keine Möglichkeit mehr, sie hineinzulegen.

Übertragen auf den Umgang mit dem eigenen Leben kann diese Erkenntnis an sich sehr beunruhigend wirken. Wer einen attraktiven und wichtigen, wer einen existenziellen »Stein« entdeckt und feststellen muss, weder Zeit noch Raum noch Kraft zu haben, um sich ihm zu widmen, ist oftmals äußerst schockiert.

Doch was ist ein dicker Stein, was ist der »dickste Brocken«? Jeder wird hier andere Prioritäten setzen. Häufig werden Kinder und andere geliebte Menschen genannt, Gesundheit, Ausbildung, Hobbys, sich Träume erfüllen oder Zeit für sich haben. Doch bezogen auf die Entwicklung von Glück und einem ruhigen Wohlbefinden in der Welt kann der wichtigste Stein eigentlich nur heißen: ein stimmiges Weltbild.

Hierzu gehört nicht nur die Feststellung, dass es die Welt überhaupt gibt. Im Sinne der kleinen Geschichte entspricht dies der Anwesenheit der Vase. Auch die Erkenntnis, dass dieses Universum wundervoll funktioniert, gehört noch zur Ebene der Tatsachen. Als Kieselsteine, Sand und Wasser in der »Vase des Lebens« können dann Natur und Sonnenschein, Liebe und Schönheit, Musik und Wanderschuhe, Seerosen und Marmeladenbrote, aber auch Nieselregen und Moskitos, Kompost und Schmerzen, Tod und Spinat, Ozonloch und Ausbeutung gelten.

Der »dickste Brocken« ist also die Art und Weise, wie mit dem Vorhandensein dieser überall und jederzeit in vollem Gang befindlichen Welt sowie der fantastischen Möglichkeit, in dieser Welt zu leben, umgegangen wird. Aus dem, was ist, folgt zwar das, was es bedeutet. Denn ohne die Anwesenheit einer funktionsfähigen Welt würde es selbstverständlich auch keine Wahrnehmungen, kein Anwesenheitsgefühl, keine Wertschätzungen und keine Bewusstheiten geben. Aber erst aus einer Bedeutung, die dem, was ist, gegeben wird, entsteht die wirkliche Welt; bis dahin ist sie einfach nur so da und »weiß von nichts«. Es kommt also nicht nur auf das an, was ist, sondern auch auf das, was es bedeutet. Erst im Menschen nimmt sich die Welt, nimmt sich das Leben selbst wahr. Erst durch ihre Wahrnehmung entsteht ihre Bedeutung. Sich ein Bild von der Welt machen zu können ist die wertvollste Fähigkeit, die das Dasein für uns Menschen bereithält. Sie ist die Basis, ist der Grund, ist das Wesen des Menschseins. Ein Mensch, der sich dieser Beziehung zwischen Welt und Geist bewusst ist, sollte jedoch weder beginnen, das, was ist, und das, was es bedeutet, zu trennen, noch das eine höher bewerten als das andere.

Nicht die Umstände sind es, die das Glück und Unglück eines Menschen ausmachen, sondern der geistige Umgang mit diesen Gegebenheiten. Von einer Bejahung und Achtung des Daseins wird sich niemand verabschieden wollen. Im Gegenteil: Ein entschleunigter und achtsamer gewordener Mensch wird sich ständig als mit dieser Welt verbunden empfinden.

Von diesem wissenden Gefühl des Eingebunden- und Angekommen-Seins gehen Harmonie und Kraft aus. Die Welt wird zur unbedingten und vollständigen Heimat. Wer diesen Zustand im Herzen der eigenen Existenz spürt, erlebt alle inneren Prozesse in einer tiefreichenden Beziehung zur äußeren Wirklichkeit und umgekehrt. Kein Ding, kein Gedanke, kein Gefühl und keine Handlung lässt sich mehr als isoliertes Phänomen verstehen. In einer Kartoffel, jedem gesprochenen Wort, im aufsteigenden Ärger oder im sanften Kuss ist immerzu das gesamte Universum anwesend. Und würden sie nicht wahrgenommen, so wären all diese Phänomene gar nicht vorhanden. So werden diejenigen, die keinen inneren Frieden spüren, im Grunde auch keinen äußeren Frieden finden. Ähnlich verhält es sich mit dem Glücklichsein.

Wer sich als vollkommener Bestandteil dieser Welt erkennt und sich von ihrer Fülle durchdrungen fühlt, bemerkt die Konsequenzen dieses »dicksten Steines« auf die anderen Steine in der Vase, auf die Kiesel, den Sand und das Wasser. Wer das »Eins-Sein« mit der Welt als Basis des Lebens akzeptiert, wird im gesamten Alltag von dieser Einsicht begleitet.

Dieses Verständnis hat fundamentale Auswirkungen auf das Verhältnis des einzelnen Menschen zur Gesellschaft und zur Umwelt, was sich unter den Gesichtspunkten »Entschleunigung« und »Wege zum Glück« sehr gut veranschaulichen lässt.

Wenn die vermeintliche Trennung zwischen »Ich« und »Welt« durch eine lückenlose, unbedingte Verbundenheit ersetzt wird, ist die »Welt« nicht mehr »drumherum, um zu«, keine »umgebende« Um-Welt mehr. Sie wird als Mit-Welt erlebt, für die nun ebenfalls der »kategorische Imperativ« gilt: Was ihr angetan wird, tut der Verursacher immer auch sich selbst an. Wer eine Blechdose in den Wald schleudert, wirft sie sich an den eigenen Kopf. Wenn der

Artist wahrhaftig und vollständig auf sich selbst achtet, achtet er auf die ganze Welt, also auch auf den Kollegen oben auf der Stange.

Während die Welt und die in ihr herrschenden Naturgesetze nicht beeinflusst, also auch nicht verlangsamt werden können, sieht es mit der von Menschen gebildeten Gesellschaft ein wenig anders aus. Zwar wäre es vermessen anzunehmen, ein einzelner Mensch könne tatsächlich »die Welt« (im Sinne von Gesellschaft) »aus den Angeln heben«, sie gar retten oder – immerhin – die Richtung des Zeitgeistes umkehren. Doch ausgehend von der Einsicht, dass die Welt (also auch die Gesellschaft) erst in der Vorstellung des Menschen entsteht bzw. eine Bedeutung erhält, ergeben sich unendlich viele individuelle Möglichkeiten des Umgangs mit dieser Welt und der eigenen Einbindung in diese Gesellschaft und damit auch deren Erscheinungsweise.

Dies lässt sich nicht nur durch Blicke in die Ferne oder in die Geschichte bestätigen. Zentralafrikanische Gesellschaften unterscheiden sich eklatant von denen in den Anden. Im heutigen Frankreich ist kaum noch etwas von dem zu entdecken, was im 18. Jahrhundert gang und gäbe war. Auch eine Innenschau beweist den ständigen Wandel im Sinngehalt, den ein Individuum der Gesellschaft gibt. Wer als Fünfzigjähriger sein Verhältnis zur Gesellschaft mit dem aus der Jugendzeit vergleicht, wird viele Unterschiede feststellen. So wie die Menschen im Laufe der Geschichte ihre Gesellschaften verändert haben, so werden sie dies auch in Zukunft tun.

Selbstverständlich bleibt es jedem Menschen überlassen, die Beziehung zur Gesellschaft selbst zu definieren und zu gestalten. Wer sich allerdings ihren jetzigen Zustand unvoreingenommen und ruhig im Lichte eines wachen Bewusstseins anschaut, wird wahrscheinlich spüren, dass eine wohlüberlegte Neuorientierung eine der wichtigsten Aufgaben für die heutige Menschheit ist.

Ohne Zweifel ist die umgebende Gesellschaft sowohl in ihren heilsamen als auch in ihren unheilsamen Aspekten in jedem Menschen verankert. Unter Gesichtspunkten wie »Entschleunigung« und »Glück« stellt sich deshalb die Frage, aus welchen Gründen sich so viele aggressive und destruktive Denk- und Handlungsweisen im Menschen verstärkt haben. Einige dieser Beweggründe wurden ja bereits beschrieben (Kapitel VII). Sie lassen sich vielleicht wie folgt zusammenfassen: Die von Wachstum, Konkurrenzdruck und Ablenkung bestimmte »Gier-Wirtschaft« hat eine Gesellschaft hervorgebracht, die bestrebt ist, mit allen Mitteln (vor allem mit Hilfe von Vereinzelung, Angst und Fehlleitung) möglichst alle ihre Mitglieder in Richtung Haben-Wollen, Eile und Zerstreuung zu peitschen.

Allerdings gibt es auch gegenläufige Tendenzen, die in den vergangenen Jahren verstärkt in Erscheinung getreten sind (z. B. die globalisierungskritische Organisation Attac, zahlreiche Nicht-Regierungs-Organisationen der Umwelt- und Menschenrechtsbewegungen, religiöse und spirituelle Gemeinschaften oder regionale und lokale Gruppen der »Agenda 21«, die »das 21. Jahrhundert auf die Tagesordnung« setzen). Sie alle arbeiten für eine andere Lebensweise, die unseren Kindern eine Welt hinterlassen soll, die noch genauso wertvoll ist wie die, die wir vorgefunden haben. Durch die Einbeziehung der Auswirkungen der heutigen Handlungen auf die Zukunft wird eine bewusstere Vorgehensweise gefördert, die in aller Regel zu hilfreichen und fruchtbringenden Konsequenzen führt.

Welche Antriebsenergien liegen diesem Streben nach einer besseren, einer nachhaltig zukunftsfähigen Gestaltung des Lebens zugrunde, auf welche Weise wird dieser Weg geistig unterfüttert? Unter dem Gesichtspunkt der Geschwindigkeit gehen viele der hier aktiven Menschen nach dem Motto vor: »Wir müssen die Welt entschleunigen, bevor die Welt uns entschleunigt.« Dieser Beweggrund ist zwar wichtig und nicht unwirksam, aber bei genauer Betrachtung baut er auf Gefühle wie Angst, Schuld und Strafe. Der Eindruck entsteht, man stehe mit dem Rücken zur Wand und handele aus einer Notsituation heraus. Eine solche Motivation enthält nicht sehr viel Freiheit und Kreativität. Sie lässt sich oft auch nur mit Hilfe eines von außen kommenden Regelwerks, mit häufigen Appellen an das Gewissen und ständigen Beweisen einer latenten Bedrohung durchsetzen.

Wirkungsvoller ist da schon die Formulierung einer ethisch-moralischen Grundhaltung. Doch auch sie kann sich zu einem Überbau entwickeln, indem vorrangig zu einer Nachahmung aufgefordert wird, anstatt den angesprochenen Menschen beim Auffinden einer selbst erarbeiteten Einsicht zu unterstützen.

Wieder gerät der »dickste Stein am Boden der Vase« ins Blickfeld. Nur hier, im Fundament des Lebens kann sich eine Überzeugung bilden, die stabil genug ist, um nachhaltig heilsame Grundlinien im Umgang mit der Mitwelt zu entwickeln. Wer in dieser Tiefe, im eigenen Zentrum um das wechselseitige Durchdrungensein, um das »Eins-Sein« mit der Welt weiß, erlebt sich selbst als Welt bis hin zu Empfindungen wie: »Ich bin die Welt. Wenn die Erde weint, sind es meine eigenen Tränen.«

Wer von dieser Basis aus handelt, hat den individuellen Egoismus als Antriebskraft überwunden und ihn in einen »sozialen bzw. ökologischen Egoismus« umgewandelt: »Für mich ist für alles und alle anderen. Für alles und alle anderen ist für mich.« Darüber hinaus wird durch diese Haltung der wichtigste Bereich des Geistes beruhigt und eine stabile Basis für die Entwicklung eines tiefen Glücks gelegt.

Präzise Empfehlungen sind jedoch problematisch. Diese Schwierigkeit ergibt sich einerseits aus der Konkretisierung selbst. Wer direkt angesprochen wird, mag sich zwar gern die eigene Überzeugung bestätigen lassen, sieht sich durch allzu plastische Hinweise aber häufig manipuliert und gedrängt. Durch konkrete Tipps beispielsweise bei einem egoistischen Tun »ertappt« worden zu sein, führt leicht zum Gefühl, für unfähig gehalten zu werden und unfrei zu sein oder pädagogisch und therapeutisch behandelt, gar gemaßregelt zu werden. Wer sich eine tiefgehende Überzeugung selbst erarbeitet hat, möchte sie am liebsten auch selbständig ausfüllen.

Andererseits greift jede Konkretisierung in eine sehr beliebte menschliche Fähigkeit ein, nämlich spontan sein zu können und zu wollen. Diese an sich wundervolle Fähigkeit ist an Gewohnheiten gebunden. Gerade im spontanen Handeln drückt sich das alte fehlgeleitete, von Gier, Abneigung und Ablenkung bestimmte Verhalten aus. Wer sich bewusst verlangsamt und bemerkt hat, wie unklug und unheilsam er oder sie manchmal agiert, wird nun in vielen Situationen zu zögern beginnen. Bevor sich eine neue und gesündere Spontaneität herausbildet, bedarf es der Übung, um allmählich wieder wie von selbst, sozusagen absichtslos aus klügeren und achtsameren Gewohnheiten heraus, spontan handeln zu können.

Noch einmal zeigt sich die überragende Bedeutung der Präsenz für die Erfahrung der Lebendigkeit des Daseins. Menschen, die sich ständig ablenken lassen, dauernd nach Zerstreuungen suchen oder mit Plänen, Sorgen und Schuldgefühlen beschäftigt sind, verpassen einen zentralen Aspekt ihrer Existenz: die Wahrnehmung ihrer Anwesenheit als atmendes und belebtes Wesen. Neben den entschleunigenden Wirkungen besteht etwa das wichtigste Ziel der Übungsfolge »Acht mal acht« darin, 64 Atemzüge lang ein genaues Hinschauen zu üben und sich dabei die eigene Anwesenheit im gegenwärtigen Moment bewusst zu machen.

Wer diese Art der wachen Anwesenheit, wer diese Präsenz auch im »normalen« Alltag praktiziert, öffnet die Tür zu einer ganzen Reihe von Entdeckungen. So kann die eigene Vergangenheit im jetzigen Tun bemerkt werden. Sie hat sich in den Gewohnheiten manifestiert. Wer sich darüber hinaus beim augenblicklichen Tun darum kümmert, was diese Handlungen bedeuten und welche Auswirkungen sie haben, holt damit die Zukunft in die Gegenwart. Damit beweist sich das »Eins-Sein« auch auf zeitlicher Ebene. Es ist nicht nur immer jetzt, sondern alles ist immer jetzt. Das gilt auch für die Vergangenheit und die Zukunft. Beide können nur im gegenwärtigen Augenblick wahrgenommen und beeinflusst werden. Die Bedeutung der Vergangenheit lässt sich ändern, indem aus ihr gelernt wird. Und die kommende Zeit wird von dem bestimmt, was in der Jetztzeit geschieht. Die Zukunft der Menschheit wird so gut wie die Menschen es heute schaffen, sich zu entschleunigen und klug und achtsam zu handeln.

Viele Menschen sind der Meinung, dass die Gesellschaft der wichtigste Lebensbereich ist, der entschleunigt werden müsste. Manche sind sogar der Ansicht, ein ruhiges Leben sei erst in einer von echtem Frieden und wahrhaftiger Gerechtigkeit geprägten Gesellschaft möglich. Doch diese Einschätzung dient oft als bequeme Ausrede. Freundlichkeit, Solidarität, Gelassenheit und Wohlbefinden werden sich in einer Gesellschaft nur ergeben, wenn ihre Mitglieder demgemäß agieren. Die Verantwortung für derartige erstrebenswerte Aussichten liegt also letztlich beim einzelnen Menschen.

Wer sich selbst zu entschleunigen beginnt, stärkt bewusst das Vertrauen in die Entwicklungsmöglichkeiten als Mensch und beginnt, sie zu entfalten. Auf diese Weise vermischen sich Motivation und Umsetzung und steigern sich gegenseitig. Wer innerlich ruhiger wird und sich friedfertiger, wacher und glücklicher fühlt, wünscht sich weitere Fortschritte auf diesem Weg. Anders ausgedrückt: »Sich selbst entschleunigen ist dasselbe wie sich selbst entwickeln.«

Die bewusste Entschleunigung des Lebens kann in drei miteinander zusammenhängenden Bereichen bzw. Stufen beschrieben werden.

1. Vor allem zu Beginn dieses Prozesses ist die »äußere« Entschleunigung entscheidend. Die Richtung dieses Handelns lässt sich gut mit einigen bekannten Sprüchen und ihren Alternativformeln verdeutlichen. Aus »Schnell mal eben« wird dann »Eile mit Weile«. Die Einschätzungen »Ich habe nie Zeit« und »Wenn ich Zeit hätte, würde ich« können sich wandeln in »So viel Zeit muss sein«. Die Haltungen »Das schieb ich noch dazwischen« und »das mach ich nebenbei« lassen sich auf friesische Art überwinden, nämlich auf der Grundlage von »Suutje suutje«, was in etwa »Gemütlich und mit Muße« bedeutet. Und wer die Mitmenschen bisher mit der Frage »Kannst du nicht mal eben?« belästigt hat, sollte von nun an mit der Aufforderung »Nimm dir Zeit« auf sie zugehen.

Besondere Be- und Verachtung verdient die verbreitete Haltung »Damit es nicht so lange dauert, mach ich's lieber selbst«. Wer so denkt, halst sich gern noch ein paar Tätigkeiten mehr auf, um langwierigen gruppendynamischen Prozessen und unerquicklichen Kompetenzrangeleien aus dem Weg zu gehen. Durch diese Strategie werden drei noch ungesündere Gewohnheiten gefestigt, nämlich sich zu vereinzeln sowie sich in der Eile zu suhlen und Hektik als Beweis für die eigene Wichtigkeit anzunehmen. Und gar nicht selten benutzen Menschen ihren Stress als Versteck, um sich niemals tiefgehend mit etwas beschäftigen zu müssen – vor allem nicht mit sich selbst.

2. Wer die Praxis der Entschleunigung zu einem Bestandteil des eigenen Lebens werden lässt, konstatiert allmählich auch eine in der Tiefe spürbare Beruhigung des Geistes, die sich auf subtile und konkret kaum beschreib-

bare Weise bemerkbar macht. Sie entsteht aus dem wissenden Gefühl um die ständig im eigenen Gemüt bereitliegende, letztlich unzerstörbare Wohlbefindlichkeit, die jederzeit für eine stille Freude und ein inneres Lächeln zur Verfügung steht.

Wenn durch Ruhe und genaues Hinschauen dem geistigen Bereich des Lebens vermehrte Aufmerksamkeit geschenkt wird, ergeben sich einige neuartige Einsichten hinsichtlich der eigenen Anwesenheit als Mensch. Zwar wird diese Entdeckungsreise von jedem Menschen individuell erlebt, aber einige ausgewählte Reisetipps können helfen, sich nicht so leicht zu verirren.

A. Die Praxis der Entschleunigung hat nichts mit Rückzug zu tun und enthält keinerlei esoterische Elemente (im Sinne von »geheimnisvoll« bzw. »nicht nachprüfbar«). Ihre meditativen, also sammelnden, klärenden und stabilisierenden Wirkungen regen vielmehr die Vernunft an, unvoreingenommen und präzise zu sein. Auf diese Weise helfen die Übungen, den »gesunden Menschenverstand« auf das ganze Leben und das Leben als Ganzes auszudehnen und anzuwenden (siehe auch Stufe 3). Das schließt eine intelligente Behandlung der Mitwelt, also eine kluge und umsichtige Entwicklung der Gesellschaft, der Umwelt und der Zukunft mit ein.

B. Wer sich entschleunigt, darf sich nicht verstellen, sondern muss ehrlich und authentisch bleiben. Entschleunigung sollte im Alltag weder als Provokation noch für ein Schauspiel genutzt werden. Sicherlich wird ihre Anwendung von den Reaktionen der Mitmenschen beeinflusst, aber ein aufgesetztes Handeln wirkt kontraproduktiv; vor allem, wenn ihm noch eine Vorbildfunktion gegeben wird.

C. Auch die Einsicht »Für mich ist für andere ist für mich« verbietet ein »So tun, als ob«. Wer anderen etwas vorspielt, geht auch mit sich selbst nicht liebevoll um. So ein Verhalten ist letztlich würdelos und verhindert Toleranz und die Fähigkeit, andere Menschen wirklich zu verstehen. Nur wer sich auch in der eigenen Nicht-Perfektion ernst nimmt, kann das Gefühl entwickeln, sich selbst in allen Facetten zu akzeptieren und zu mögen. Und nur wer sich selbst voll und ganz liebt, hat eine stabile Grundlage dafür geschaffen, auch alle anderen lieben zu können.

D. Eine besondere Beachtung verdienen die eigenen Ängste. In ihnen zeigt sich der unvollkommene geistige Umgang mit der (im Grunde vollkommenen) Welt am deutlichsten. Wer nicht bereit ist, sich ihnen zu stellen, wird immer wieder von ihnen belästigt und beunruhigt. Ein dezentes »entschleunigtes« Experimentieren mit ihnen nach dem Motto »Wo die Angst ist, da geht's lang« kann sehr hilfreich und heilsam sein. Neben den »großen« Ängsten wie der vor dem Tod, vor Unfreiheit und Krankheit, sollte die Angst vor dem Loslassen nicht vergessen werden.

E. Optimismus ist nicht unrealistisch, denn hoffnungsvolle Hinweise und Qualitäten gibt es überall. In jedem Menschen schlummern mehr oder weniger verschüttet alle Fähigkeiten des Menschseins – gerade auch die heilsamen. Wer sich entschleunigt und innerlich ruhiger wird, wird sie über kurz oder lang entdecken. Auf diese Weise werden diese Begabungen ständig spür- und fassbarer und können bewusst entfaltet und gepflegt werden. Im Idealfall – so wird von vielen Meditationslehrenden immer wieder festgestellt – brechen sich diese Eigenschaften spontan und auf natürliche Weise Bahn und leben sich dann »wie von selbst« aus.

Wenn also dem eigenen Leben mit Hilfe von Entschleunigungsübungen mehr Tiefe gegeben wird, bleibt dies nicht ohne Rückwirkungen auf den Alltag und damit auf die nähere Umgebung, auf die Gesellschaft und Mitwelt. Dabei stellt sich heraus, dass diese Entdeckungsreisen durch die Innenwelt wesentlich anregender und fruchtbarer sind als viele Menschen annehmen. Wer mit der Hinterfragung und Bearbeitung von Gewohnheiten beginnt, findet in der eigenen Psyche und im Unterbewusstsein eine Menge Eigenschaften, die im Grunde nur darauf gewartet haben, endlich aufzusteigen, also wahr- und wichtig genommen und angewendet zu werden.

Diese Anwendung vollzieht sich erst im Kontakt mit anderen. Jeder handelt zwar scheinbar für sich selbst im eigenen Interesse. Wenn die Motivation für jegliches Handeln jedoch von einem Weltbild ausgeht, das sich in der Einsicht des »Einsseins« gründet und »alle Menschen in einem Boot« sieht, enthält dieses Handeln die Rücksichtnahme auf das Ganze und damit auch auf alle anderen Wesen. Kommunikation und Kooperation, Austausch und gegenseitige Hilfe sind somit die äußerlich sichtbaren und konkret stattfindenden Einsatzfelder der vielen wunderbaren Begabungen der Menschen.

Es sind vor allem die Fähigkeiten Liebe, Mitgefühl, Freude und Gleichmut, die auf diese Weise in Erscheinung treten. Aber auch Großzügigkeit, Offenheit, Verantwortungsgefühl, Menschlichkeit, Achtsamkeit, Freundlichkeit, Toleranz, Gewaltfreiheit und viele andere mehr sind Qualitäten, die jedem Menschen innewohnen. Ihre bewusste Bearbeitung bereichert nicht nur das Leben des Einzelnen, sondern auch die nähere Umgebung und auf diese Weise die Gesellschaft.

3. Spätestens in dieser Phase beginnt die dritte Stufe der Entschleunigung, nämlich der von einer inneren Ruhe ausgehende Blick in das Leben als Ganzes und das dadurch mögliche allmähliche Auffinden und Erarbeiten eines Weltbildes. Auch hier erfolgt eine intensive Rückkopplung, denn im Grunde gibt es nichts, was den Geist intensiver entschleunigt als eigene Erfahrungen mit Sinnhaftigkeit und das Erleben eines vollständigen Heimischseins in der

Welt. Gleichzeitig macht kaum etwas glücklicher als eine Beruhigung des Gemüts, also überzeugende Antworten im Hinblick auf den Wesensgrund.

Diese Art des Glücklichseins ist keine unwillkürliche Reaktion mehr auf zufällige oder geplante äußere Gegebenheiten, sondern speist sich aus dem Gefühl, der eigenen Lebensaufgabe auch geistig gewachsen zu sein und ihr angemessen zu entsprechen. Ein Gefühl, das einen Geist erfordert, der herausgefunden hat, dass jegliche Existenz nicht nur auf einer wechselseitigen Verbundenheit basiert, sondern sich auch in einem ununterbrochenen Wandlungsprozess befindet.

Diese Einsicht schließt das Wissen ein, dass das Einssein und die Bewegungsnotwendigkeit auch alle anderen Wesen betrifft und umfasst. Alle Handlungen, die von solch einem Verständnis geprägt sind, gehen von einer uneingeschränkten Verwandtschaft der gesamten (Mit-) Welt aus. Diese Haltung entspricht der des Artisten auf der Stange. Er denkt an sich und tut sein Bestes – scheinbar nur für sich selbst. Tatsächlich jedoch weiß er um seine Abhängigkeit vom Träger der Stange und bezieht diesen in seine eigenen Aktionen mit ein. Er sorgt dafür, dass die gemeinsame Vorführung klappt, und erwartet von seinem Partner das Gleiche. Wer sich auf diese Weise bemüht, hilft auch allen anderen. Und wenn das viele oder sogar alle Menschen tun – was kann dann anderes entstehen als eine von Freiheit und Brüderlichkeit geprägte demokratische Gesellschaft?

Eine von einem derartigen Verständnis unterfütterte betriebene Reise kann jederzeit allen Herausforderungen durch die manchmal äußerst abstrusen Vorkommnisse des Alltags standhalten. Von dieser Basis aus gelingt es leicht, sich heil und ganz zu fühlen sowie aufrichtig und beweglich zu sein und zu bleiben. Das andauernde Üben eines bewussten Umgangs mit der Zeit führt darüber hinaus zu einer Präsenz und Wachheit, die sich durch Freiheit und Integrität auszeichnet und von Menschlichkeit und Würde geprägt ist.

Wenn also der »dickste Stein«, nämlich das vollkommene Einverstandensein mit der allgemeinen und besonderen Anwesenheit in der Welt, seinen gebührenden Platz in der »Vase des Lebens« einnimmt, entsteht ein Gefühl, das Siddhartha Gautama (besser bekannt unter seinem Ehrennamen »Buddha«) vor rund 2500 Jahren beschrieben hat: »In förderlicher Umgebung leben, gute Samen gesät haben und erkennen, dass man auf dem richtigen Weg ist – das ist das größte Glück. In der Welt leben, doch mit einem Herzen, das von der Welt nicht beunruhigt wird, in einem Zustand inneren Friedens frei von Sorgen und Leid – das ist das größte Glück.«

Acht mal acht entschleunigte Bewegungen

Himmel und Erde verbinden

Du stehst in der Grundhaltung.

Hebe einatmend beide Arme zur Seite (Handinnenflächen nach unten). Wenn sie ausgebreitet sind, Hände drehen (Bild 1). Unter Einbeugung der Ellbogen werden die Unterarme weiter gehoben (Oberarme bleiben horizontal).

Auf dem Weg der Hände vor dein Gesicht (Fingerspitzen zeigen zueinander; Bild 2) kann es eine kleine Atempause geben. Wenn die Hände (Innenflächen nach unten) vor dem Körper langsam sinken, atmest du aus. Bitte sieben Mal wiederholen.

Du kannst dir beim Aufsteigen der Arme einen Bezug zur Erde vorstellen. Beim weiteren Heben darf das Gefühl entstehen, deine Arme würden den Himmel berühren. Vielleicht magst du dir eine »Mischung« aus Himmels- und Erd-Energie zuführen. Ein Aufeinanderlegen der Hände beim letzten Ausatemzug kann diese Vorstellung unterstützen.

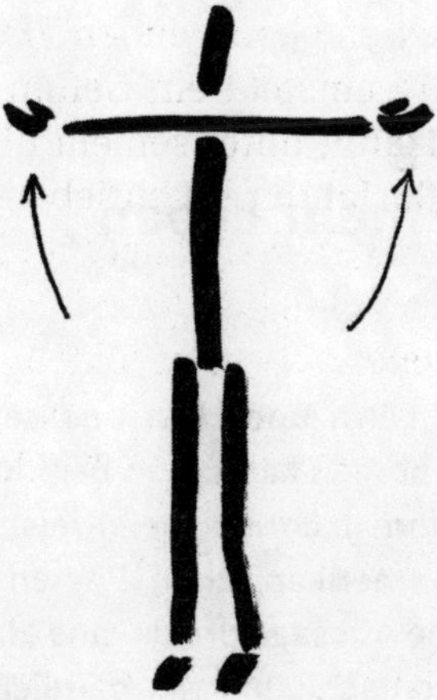

Bild 1

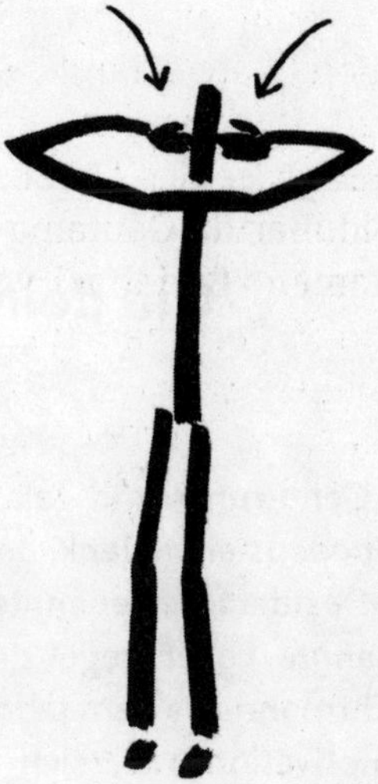

Bild 2

Die Zeit scheint hier nicht zu vergehen:
Sie ist einfach da.
J. R. R. Tolkien: Der Herr der Ringe

Epilog
Gib deiner Zeit mehr Leben

»Gehe ruhig und gelassen durch Lärm und Hast und sei des Friedens eingedenk, den die Stille bergen kann.« So beginnt die »Desiderata« genannte und vor allem in christlichen Kreisen bekannte Lebensregel des deutsch-amerikanischen Poeten Max Ehrmann aus dem Jahre 1927. Seine Aussage drückt eine Hauptmotivation aus, sich selbst zu entschleunigen, nämlich die Sehnsucht nach innerem Frieden.

Wer bewusst abbremst, wer gelegentlich anhält, verschafft sich neben der Möglichkeit, das eigene Innere kennen zu lernen, auch die Chance, sich über den Umgang mit dem Äußeren klarer zu werden. Dabei werden die meisten Menschen feststellen, dass sie sich vorrangig an der Quantität orientieren. Sie achten fast nur auf Vielfalt, Wachstum und Effizienz. Sie möchten ihr Leben bereichern, indem sie es verdichten.

Durch den Versuch, mit Hilfe eines ständig wachsenden Besitzes zu mehr Erlebnissen in immer kürzeren Zeitabschnitten zu gelangen, glauben viele Menschen, die Zeit würde an Inhalt gewinnen und vielleicht langsamer vergehen. Sie glauben, durch eine Steigerung von Begegnungen und Eindrücken mehr Leben erleben zu können. Diese Haltung verstärkt jedoch nur das Gefühl, immerzu etwas zu verpassen. Niemals nämlich wird ein Mensch in seinem Leben alles erleben, was es an äußeren Möglichkeiten gibt.

Nun ist letztlich »jeder Mensch seines eigenen Glückes Schmied«, weshalb diese Lebensweise akzeptiert und toleriert werden könnte. Doch führt dieses hohe Lebenstempo zwei unheilsame Auswirkungen auf das Dasein aller Menschen mit sich.

Die einseitige Fixierung auf Quantität wird mittelfristig die Qualität des Lebens auf unserem Planeten verschlechtern und womöglich unsere Lebensgrundlagen zerstören. Jeder Einzelne trägt durch ein von Schnelligkeit und Gier geprägtes eigenes Bemühen zu dieser Entwicklung bei. Durch diese Einsicht sollte sich der scheinbar von außen erzwungene (»extrinsische«) Veränderungsdruck leicht in eine »intrinsische« Motivation umwandeln lassen. Der entschleunigte, achtsamere und nachhaltigere Umgang mit der Mitwelt wäre dann selbst gewollt und hätte eine stabilere Grundlage als alle Appelle, Vorschriften und Gesetze aus dem gesellschaftlichen Umfeld.

Darüber hinaus hat es die besonders in den letzten zwanzig Jahren weltweit zunehmende Orientierung an Menge und Geschwindigkeit für immer mehr Menschen schwieriger werden lassen, zur Besinnung zu kommen und zu einer ehrlichen Bestandsaufnahme der menschlichen Existenz im Allgemeinen und zu einer Wertschätzung der eigenen Anwesenheit im Besonderen zu gelangen. Der Kontakt mit allzu vielen Dingen und Geschehnissen macht sprunghaft und oberflächlich und verstärkt das Gefühl, getrieben und unausgefüllt zu sein. Dadurch geht der Kontakt mit dem Leben selbst weitgehend verloren.

Die Wertschätzung von Phänomenen wie »Größer, schneller« und des Haben-Wollens ist eine äußerst einseitige Lebenshaltung und Ergebnis einer seit langer Zeit praktizierten Fehlleitung. Diese Lebensweise führt dazu, dass die Übereinstimmung zwischen diversen lebens- und liebenswerten, allen Menschen innewohnenden Begabungen und den Stärken, die viele Menschen heutzutage im Alltag – insbesondere in der Arbeitswelt – zu zeigen haben, immer kleiner wird. Während sich einige Verhaltensweisen (Effizienz, Konkurrenz oder Eigensinn) optimal entwickeln und ausleben dürfen und sollen, sind andere, vor allem die den Mitmenschen direkt zugewandten Fähigkeiten, verkümmert (Gemeinsinn, Muße oder Geistespflege) – zumindest was ihre Anwendungsmöglichkeiten angeht.

Es wird immer anstrengender, diesen Spagat auszuhalten, einen Gleichklang zwischen dem inneren Antrieb und den zu vollziehenden Tätigkeiten herzustellen. Immer seltener ist es möglich, aus einer tiefen Einsicht heraus sich mit voller Überzeugung zu entäußern. Nur wenige Menschen kommen ihren Idealvorstellungen von sich selbst wirklich nahe. Genau so zu sein, wie man im Grunde ist, wie frau eigentlich sein möchte, und dies dann auch noch auszuleben, ohne sich verstellen oder eine Rolle spielen zu müssen – dieses Privileg ist heutzutage in der Regel nur scheinbar vorhanden. Denn diese Möglichkeit wird meist nur von denjenigen in Anspruch genommen, die sich auf die gerade angesagten und populären Eigenschaften beschränken und andere menschliche Fähigkeiten verdrängen oder gar nicht erst wahrnehmen. Sie fühlen sich »im Fluss«, indem sie sich ausschließlich auf dem »Kamm der Woge« aufzuhalten versuchen.

Vor dem Hintergrund dieses »Zeitgeistes« ist es nicht einfach, sich zu entschleunigen, denn wer dies versucht, kommt an der Erkenntnis des Unterschieds zwischen den eigenen Unvollkommenheiten und Widersprüchen und den zwar vorhandenen, aber oftmals verborgenen wirklichen Qualitäten als Mensch nicht vorbei. Vor dieser Einsicht schrecken nicht wenige mit der Praxis der Entschleunigung beginnende Menschen zurück. Durch den offenen

Blick nach innen wird jedoch nicht nur die Eingeschränktheit des bisherigen Lebens deutlich, sondern auch, dass es noch ganz andere Lebensmöglichkeiten gibt als die, die heutzutage vorrangig erwünscht sind. Über kurz oder lang wird dann auch erkennbar, wie ein anders ausgerichtetes Leben aussehen kann.

Mit anderen Worten: Durch die Praxis des Anhaltens und genauen Hinschauens lässt sich die Befürchtung, durch Langsamkeit und Bedächtigkeit zu einer reduzierten Erfahrung des Lebens zu kommen, in ihr Gegenteil umwandeln. Sicht- und spürbar wird nämlich nicht weniger, sondern mehr Leben. Statt sattsam bekannter Antriebsenergien wie »Gier, Gewinn, Geschwindigkeit« können sich nun die Kräfte zeigen, die aus dem Wunsch entstehen, aufrichtig, präsent und mitfühlend zu sein.

Was ganz harmlos mit ein wenig Abbremsen und kleinen Stopps beginnt, kann allmählich zum Entschluss führen, das eigene Leben neu ordnen zu wollen. Da auf diese Weise auch das Leben als Ganzes ins Blickfeld gerät, können am Horizont sogar Lösungen für die scheinbar unlösbaren Widersprüche und Probleme der heutigen Gesellschaft auftauchen. Wichtig ist nur, aus den durch die Entschleunigung erlebten Offenbarungen keine neue Ideologie zu machen, sondern bei sich zu sein, klar zu werden und locker zu bleiben.

Die auf lange Sicht produktivste Auswirkung einer Entschleunigungspraxis ergibt sich aus der Erarbeitung eines überzeugenden Weltbildes. Wenn am Sinn des Lebens nicht mehr gezweifelt und ein Einklang mit dem Dasein empfunden wird, ist der innere Friede auch in problematischen Lebenslagen stets in Reichweite.

Dieses Weltbild wird sich jeder Mensch individuell ausgestalten. Hilfreich kann hier das wissende Gefühl sein, sich als menschlicher Ausdruck der Sehnsucht des Lebens nach sich selbst zu deuten. Die Annahme dieser Qualität führt dazu, im eigenen Leben auch jedes andere Leben zu entdecken und zu spüren. Ein Gemüt, das sich auf diese Weise in den Verlauf der Raumzeitwege eingebunden sieht, ruht im inneren Kontakt mit allen und allem.

Eine Praxis der Entschleunigung sollte nicht so sehr von der Hoffnung motiviert sein, glücklicher zu werden, sondern danach streben, ganz wach hier zu sein und integer, authentisch und würdevoll zu leben. Es gibt keinen Weg zum Glücklichsein, sondern Glücklichsein ist der Weg. Glück ist eine Realität, die es gibt. Es kommt nicht darauf an, das Glück zu suchen, sondern es zu nähren und zu pflegen.

Mögen alle Wesen frei von Leid und Hast sein. Mögen alle Menschen wach und glücklich sein und inneren Frieden finden.